Inhalt

Folter im Büro 9

1 Kollegen-Schelte 13
   Die Headhunter-Falle 13
   Die Hölle sind immer die anderen 16
   Prinzessin ohne Erbse 19
   Der Stimmungsmörder 22
   »Alles schon erlebt!« 25
   Der junge Siegfried 28

2 Der Intriganten-Stadl 31
   Das jüngste Gerücht 31
   Vom Strohfeuer zum Flächenbrand 35
   Der Mann im Abseits 38
   Von Kneipen und Karrieren 41
   Den Mutigen beißen die Hunde 44

3 Konkurrenz verdirbt das Geschäft 48
   Die Schlammschlacht 48
   Ein Diebstahl im Schaufenster 53
   Die Tricks der Ideendiebe 55
   Das Pferderennen an der Wand 59
   Bewerber im Haifischbecken 63

4 Wenn der Teamgeist spukt 67
   Die Bewährungsstrafe 67
   Krieg der Abteilungen 71
   Die abgestürzte T(eam)-Aktie 75
   Kleingeist im Großraum 79
   Die faulen Äpfel im Korb 83

5 Nix verstehen, Kollege? 87
   Der Philosoph und die Blume 87
   »Ich verstehe nur Bahnhof!« 91
   Ehrlichkeit als Entlassungsgrund 94
   Die Bomben der Kritik 97
   Machtworte des Körpers 100
   Drei Irrtümer über Kommunikation 104

6 Schleimer vor dem Herrn 108
   Es lebe der nackte Kaiser! 108
   Wenn die Fliegen schwärmen 112
   Der Klassenstreber 115
   Kleines Lexikon der Schleimerei 118

7 Kleine Drachenkunde:
   Sekretärinnen .124
   Vorgeschmack im Vorzimmer 124
   Die Geklonte .125
   Die Bissige 127
   Die Nibelungentreue 128
   Der Betthase .130
   Die Kaffeefee .131
   Die Fußabtreterin 132

Die graue Maus 134
Die heimliche Chefin 135

8 Männerwirtschaft: Die Tricks der Kollegen 137
King Kong beim Meeting 137
Alle Mann in einem Boot 141
Das Nachwuchsgenie 143
Große Jungen beim Karrierespiel 146

9 Frauenhaus: Die Tricks der Kolleginnen 149
Die bittere Anti-Baby-Pille 149
Kleider machen Beute 153
Wenn Frau Doktor flüstert 156
Der Stöckelschuh-Trick 159

10 Die zehn größten Kollegen-Lügen 162
Ehrlich gesagt … 162
1. »Ich will gar nicht befördert werden« 163
2. »Ich verdiene auch nicht mehr als du« 164
3. »Ich hab nichts gegen dich« 165
4. »Mit dem Fehler habe ich nichts zu tun« 166
5. »Nein, wir sind kein Paar« 167
6. »Ich sag dem Chef meine Meinung« 169
7. »Ich nehme es auf meine Kappe« 170
8. »Ich kann auch ohne die Arbeit« 171
9. »Ich bin glücklich verheiratet« 172
10. »Du schaffst das schon!« 173

11 Die mobbende Meute 175
Die Masken des Terrors 175

Gesteinigt und gepeinigt 180
Das zerschlagene Sparschwein 182
Der Fisch stinkt auch vom Schwanz her 185
Das provozierte Duell. 188

12 Von der Kunst, Bomben und Kollegen zu entschärfen .193
Das neue K-Wort 193
Beenden Sie die Fehlersuche 195
Pflegen Sie einen bunten Garten 198
Üben Sie Verständnis 201
Schauen Sie über die Mauer 203
Stoppen Sie die Wutprobe 207
Sagen Sie nicht »ja«, wenn Sie »nein« meinen . . . 210
Unterbrechen Sie Teufelskreise 214
Löschen Sie den Mobbingbrand 217

Folter im Büro

Kollegen sind wie Krankheiten: Man kann sie sich nicht aussuchen. Sie treiben einem den Blutdruck in die Höhe und den Schweiß auf die Stirn, wenn sie wieder einmal tratschen, intrigieren und schleimen, was das Zeug hält. Rund um die Uhr, bis zu zweitausend Stunden im Jahr, ist man ihnen ausgesetzt: ihren Stimmen, ihren Gesichtern, ihren Meinungen und ihren Macken.

Mit den Mängeln der Kollegen verhält es sich wie mit der chinesischen Wassertropfen-Folter: Die Wiederholung macht wahnsinnig. Auf Dauer kann das Schneuzen des Büronachbarn wie das Trompeten eines Elefanten klingen. Und warum kaut dieser Typ eigentlich seit Jahren matschend auf seinem Kaugummi herum – und nicht gleich auf den Nerven seiner Kollegin, die schon im Internet recherchiert hat, ob sich Arsen auch in Kaugummis spritzen lässt?

Mit Ihren Kollegen teilen Sie alles: die Arbeit, den Chef, das Büro und manchmal sogar, wenn auch unfreiwillig, Ihren Lieblingskugelschreiber – weil der entführt und natürlich bis zur Unkenntlichkeit zerkaut wird. Ihr Arbeitserfolg halbiert sich, wenn ein Kollege dreist genug ist, sich mit fremden Federn zu schmücken. Die ersehnte Beförderung fällt flach, wenn ein Chef-Schleimer wieder mal schneller war. Und ganze Projekte, für die Sie sich zerrissen haben, gehen baden, weil Kollege Blödmann alles verdirbt.

Kollegen reden viel über- und selten miteinander. Wenn sie es doch versuchen, reden sie mit erstaunlicher Konsequenz aneinander vorbei. Jeder hört, was er hören will – und nicht, was der andere sagt. Das führt zu Ärger, Fehlern und Enttäuschungen.

Harmlose Zankereien? Nicht immer. Als Karriereberater und Leiter der ersten Ausbildungsstätte für diesen Berufsstand, der Hamburger Karriereberater-Akademie, erlebe ich oft: Streit unter Kollegen fängt harmlos an – ein wenig Neckerei, was ist schon dabei? Doch aus Spaß wird Hass. Der Psychoterror reißt sich wie ein Pitbull von der Leine und zermalmt das Opfer zwischen seinen Mobbingzähnen.

Laut Studien ist der Mobber Nummer eins in Deutschland nicht der Chef – es sind die Kollegen und Kolleginnen! Wer ihnen nicht passt, wird vom Informationsfluss abgeschnitten, durch die Lästermühle gedreht, beim Chef denunziert und sitzt in der Kantine so allein am Tisch, als wäre er auf einem fernen Planeten.

In diesem Buch erfahren Sie, wie Ihre Kollegen ticken: die Faulen und die Schleimer, die Karrieristen und die Plaudertaschen, die Intriganten und die Mobber. Ich mache Ihnen deutlich, wie der »Intriganten-Stadl« funktioniert, räume auf mit der Legende vom »Teamgeist« und seziere die Tricks und Ticks männlicher und weiblicher Kollegen – nicht ohne Humor, denn Lachen ist gesünder als Weinen.

Zahlreiche Beispiele aus meiner Beratungspraxis sorgen für Anschaulichkeit: Da ist der Chemiker Dieter Haupt, der nicht mit ins Fußballstadion will und dadurch zum einsamsten Mann in seiner Firma wird. Da ist die Einzelhandelskauffrau Gunda Schuhmacher, deren geniale Idee im Schaufenster von einer Kollegin geklaut wird. Und da ist die Controllerin Ines Heiden, die eines Tages auf ihrem Schreibtisch ein zerschlagenes Sparschwein findet und einen Zettel, der ihr dasselbe Schicksal ankündigt – eine Drohung mit fatalen Folgen.

Es geht um Konkurrenz und Karriere, um Beförderungen und Gehalt, um menschliche Schwächen und teuflische Intrigen. Es geht um alles, was im Spiel ist und auf dem Spiel steht, wenn Kollegen aufeinandertreffen.

Aber dieses Buch bleibt nicht in der Kollegenschelte hängen. Wer seine Kollegen hasst, schadet damit nicht ihnen (im Gegenteil, die lachen sich womöglich ins Fäustchen!) – er schadet sich selbst. Auch wenn Sie Ihr Magengeschwür auf den Namen Ihres Büronachbarn taufen, den Ärger damit haben Sie ganz allein.

Deshalb handelt das letzte Kapitel »von der Kunst, Bomben und Kollegen zu entschärfen«. In beiden Fällen brauchen Sie Fingerspitzengefühl, Selbstdisziplin und gute Werkzeuge. Wenn Sie auf neue Weise denken, handeln und wahrnehmen – mit Werkzeugen, die Sie hier an die Hand bekommen –, dann kann das für eine Klimaerwärmung, für nettere Kollegen und weniger Ärger sorgen.

Die Strecke vom Gegen- zum Miteinander ist kein Katzensprung, aber schon der chinesische Philosoph Laotse wusste: »Eine Reise von tausend Meilen beginnt mit einem Schritt.«

PS: Gerne können Sie mir schreiben, wie es Ihnen mit Ihren Kollegen geht und was Sie von diesem Buch halten. Sie erreichen mich über meine Homepage www.karriereberater-akademie.de.

1 Kollegen-Schelte

Das Wort »Kollege« fängt mit »K« an – »K« wie Katastrophe. Sie hauen sich gegenseitig in die Pfanne, reißen die Stimmung runter und den Mund zu weit auf. In diesem Kapitel lesen Sie …

- wie die Kollegen einen Informatiker in die Rufmordfalle locken;
- warum man beim Lästern über den Chef so oft angeschwärzt wird;
- mit welchen Waffen ein Stimmungskiller mordet
- und wie eine Jungredakteurin auch mit ihren besten Ideen bei einem älteren Kollegen immer wieder abblitzt.

Die Headhunter-Falle

Musste der Informatiker Hans Ludwig* (43) ein schlechtes Gewissen haben? Trieb er ein doppeltes Spiel mit seinen Kollegen? Oder zeigte er das normale Verhalten eines Menschen, der seinen Job langweilig fand und dringend etwas Neues suchte? Tatsache war: Er tat alles, um seine Jobsuche zu vertuschen.

Nur wurde sein Vorrat an Ausreden immer dünner, wenn er mal wieder am Telefon mit gesenkter Stimme den Ge-

---

* Alle Namen geändert

heimagenten spielte (Headhunter-Gespräch); wenn er Hals über Kopf einzelne Urlaubstage nahm (Vorstellungsgespräch außerhalb) oder wenn er, statt in Jeans, mit Anzug und polierten Schuhen ins Büro kam, um zwei Stunden früher als sonst zu verschwinden (Vorstellung in der Nähe).

Seinen Kindern hatte er schon Masern, Mumps und Pocken angedichtet. Und angeblich eilten seine Freunde in solchen Massen vors Standesamt, dass er als Trauzeuge ein Dauerläufer war. Die Neugier seiner Kollegen schwoll immer mehr an. Der Administrator Peter Leimann (45), die Tratschtante der Abteilung, stichelte:

»Und, Hans – darf man gratulieren?«

»Gratulieren? Wozu denn?«

»Vielleicht hat es diesmal mit dem Vertrag geklappt.«

»Was redest du da?«

»Aber es ging doch um einen Vertrag, als du gestern um 15 Uhr aus dem Haus bist. Im ganz feinen Zwirn und in einer Wolke aus Eau de Toilette.«

»Ich war bei einer Hochzeit, das hab ich doch gesagt.«

»Zum dritten Mal in diesem Jahr. Immer spätnachmittags. Ja, ja.«

Hans Ludwig spürte, wie sein Magen sich zur Faust ballte:

»Schön, dass du bis drei zählen kannst. Aber was hat das mit einem Vertrag zu tun?«

»Nun, vorm Standesamt schließen die Ehepartner einen Vertrag durch ihr Jawort. Das war gemeint, nichts weiter. Warum so empfindlich?«

Leider lief Hans Ludwig bei seiner Stellensuche gegen unsichtbare Wände. War er mit 43 schon zu alt, um den ersehnten Sprung in eine Führungsposition noch zu schaffen? Oder hatte er nur Pech?

Dann geschah das Wunder. Es war ein Vormittag im Juni, die Vögel zwitscherten durchs gekippte Fenster seines Einzelbüros. Ein Anruf. Sein Herz beschleunigte, als am anderen Ende eine tiefe Stimme sagte: »Personalberatung Fischer, guten Tag. Können Sie jetzt sprechen?«

Er konnte! Blitzschnell hatte er seine Bürotür geschlossen und spitzte die Ohren.

»Also, wir haben gehört, dass Sie einer Veränderung nicht abgeneigt sind. Ist das richtig?«

»Nun ja, das kann man so sagen. Aber woher wissen Sie …?«

»Wir sind gut vernetzt in der Branche. Für welche Art von Position könnten wir Sie gewinnen?«

»Ich würde gern eine Abteilung leiten.«

»Haben Sie da schon Erfahrung?«

Hans Ludwig schluckte, denn das war sein wunder Punkt. Aber nach der Lektüre von drei Bewerbungsratgebern war er um eine Antwort nicht verlegen: »Ja, ich übernehme zum Beispiel Führungsverantwortung für unsere Nachwuchskräfte in der EDV.«

(Sein Gesprächspartner musste ja nicht wissen, dass er damit nur Praktikanten meinte!)

»Fein. Wir sind nämlich für einen deutschen Großkonzern auf der Suche nach einem Bereichsleiter EDV. Einkommen: 85 000 Euro plus. Könnte Sie das reizen?«

»Und ob! Das wäre …« (er bemühte sich, nicht allzu euphorisch zu klingen) »… das wäre sehr interessant.«

In diesem Moment klang es, als würde sich der Headhunter schneuzen. Seine tiefe Stimme begann zu beben, er räusper-

te sich und rang nach Luft. Mehrfach versuchte er, das Gespräch fortzusetzen: »Also, dann ...« (Wieder heftiges Schnaufen.) »Also, wir sollten ...« (Wispernde Stimmen im Hintergrund, die immer mehr anschwollen und sich bis auf den Pegel eines Stammtisches steigerten.)
»Hallo?«, rief Hans Ludwig. Doch da war die Leitung tot. Was, in drei Teufels Namen, war da gerade passiert?
Eine Stunde später, auf dem Weg zur Kantine, hallte ihm die Antwort entgegen. Bei seinem Anblick prusteten die Kollegen los, als wäre gerade ein Clown auf die Bühne gestolpert. Peter Leimann rief: »Mindestens eine Abteilungsleitung!«, ein anderer Kollege: »Und nicht unter 85 000 Euro.« Und eine Kollegin murmelte mit tiefem Bass: »Kein Problem, ich habe schon Personalverantwortung.«
Der »Headhunter«-Anruf war aus dem Nachbarbüro gekommen.

Die Hölle sind immer die anderen

Sobald sich zwei Kollegen in die Haare kriegen, beobachten wir ein seltsames Phänomen: Jeder hält *sich* für den Unschuldsengel und seinen Kontrahenten für den Streithammel. Eine menschliche Eigenart, die niemand so treffend kommentiert hat wie der französische Philosoph Jean-Paul Sartre: »Die Hölle, das sind die anderen.«
Bleiben wir bei Hans Ludwig. Nach diesem Vorfall galt er als »Judas«. Ob im Werksbus, beim Meeting oder in der Kantine: Sein Anblick löste bei den Kollegen wissendes Dauergrinsen und feixendes Tuscheln aus – als würden sie ein schmutziges Geheimnis von ihm kennen.

War er an dem Schlamassel selber schuld? Seine Kollegen würden sagen: »Klar, der soll sich an die eigene Nase fassen! Warum hat er uns nicht ins Vertrauen gezogen? Wir haben ihm einen Denkzettel für seine Heuchelei verpasst.«

Hans Ludwig sieht das anders. Er weiß, wie gut der Flurfunk funktioniert – ein Gerücht, das man beim Mittagessen streut, ist noch vor dem Kaffee in alle Abteilungen vorgedrungen. Hätte er riskieren sollen, dass sein geplanter Absprung vorzeitig bekannt wird? Riskieren, dass man sein Gehalt einfriert, seine kurzfristigen Urlaubswünsche ablehnt und ihn als flügellahme Ente sieht?

Für ihn war seine Verschwiegenheit kein Misstrauensvotum, sondern ein Selbstschutz. Außerdem: Waren nicht schon etliche Kollegen vor ihm, ganz überraschend, in ein anderes Unternehmensboot gesprungen? Gehört es nicht zu den Spielregeln, dass man seiner derzeitigen Firma so lange Treue vorheuchelt, bis man einen anderen Arbeitsvertrag in der Tasche hat? Und warum wollten ihm die Kollegen daraus einen Strick drehen?

Für sie mag dieser »Headhunter«-Anruf ein Bubenstreich gewesen sein – für ihn war er eine Katastrophe, ein Attentat auf sein Image. Kaum eine Nacht danach, in der ihn keine Alpträume plagten. Sein Misstrauen schwoll derart an, dass er hinter jedem Anruf, auch solchen seines Chefs, einen Stimmenimitator befürchtete.

Der Job war für ihn zur Hölle, der Arbeitsplatz zum Krisengebiet geworden. Ein paar Monate später verließ er die Firma, um eine Zeitarbeit anzunehmen. Bei dieser Veränderung – man könnte auch Flucht sagen – hat er mich als Karriereberater angeheuert und mir seine Geschichte erzählt.

Der Grat zwischen Vertrauen und Misstrauen ist schmal. Wer Kollegen hat, balanciert jeden Tag darauf. Soll man nun, wenn alle über den Chef lästern, seinen Senf dazugeben? Offenbar ist Lästern an den Arbeitsplätzen ein Volkssport: Nach einer Umfrage von *stern.de* zieht der durchschnittliche Arbeitnehmer jede Woche vier Stunden über seinen Chef her. Oder ist es klüger, auf den Abschuss verbaler Giftpfeile zu verzichten?

Beide Strategien sind riskant. Wenn Sie bei der Chefhatz schweigen, könnten die Kollegen darin das Verhalten eines Klassenstrebers sehen, der nichts auf den Herrn Lehrer kommen lassen will, ja womöglich das Gesagte brühwarm weiterträgt. Also laufen Sie Gefahr, dass eines Tages nicht mehr der Chef das liebste Lästerthema ist – sondern Sie! Wollen Sie das? Natürlich nicht!

Wenn Sie dagegen Ihren Handschuh in den Lästerring werfen, riskieren Sie eine blutige Nase. Immer wieder tummelt sich unter den Lästermäulern ein Spitzel des Chefs. Und wer garantiert Ihnen, dass von einem vierstündigen Lästerchor nicht ausgerechnet Ihre Stimme bis in die Chefetage vordringt, mit verheerenden Folgen für Ihre Karriere?

Auch wenn Sie wechseln wollen, wie Hans Ludwig, steht Ihnen ein diplomatischer Eiertanz ins Haus. Was antworten Sie, wenn ein Kollege fragt: »Suchst du einen neuen Job?« Wie wäre es mit: »Wer kann ausschließen, dass er bei einem Traumjob schwach würde – oder wie ist das bei dir?« Die Frage am Ende ist raffiniert: Sie spielen den Ball auf das Feld des Kollegen zurück. Wetten, dass er sehr schnell einsilbig wird und das Thema wechselt? Gut so!

Prinzessin ohne Erbse

Die Diplom-Kauffrau Petra Ocker (28) kam nicht einfach in die Karriereberatung, sie machte einen Auftritt daraus: Auf hohen Stöckelschuhen, ganz leicht schwankend, tippelte sie mir entgegen. Ein schwarzes Designer-Kostüm, mit glitzernder Perlenkette im Ausschnitt, umschmeichelte ihren sportlichen Körper. Und ihre strohblonde Frisur war so kunstvoll aufgetürmt, als hätte sie gerade ein Date mit Udo Walz gehabt.
Sie ließ sich aus dem Mantel helfen, lächelte kunstvoll und plazierte sich kerzengerade auf dem Stuhl. Ihr Problem beschrieb sie so: »Die Kollegen wissen einfach nicht, was sie an mir haben. Ich wünsche mir mehr Wertschätzung.«
Ich wollte genauer herausfinden, wo der Stöckelschuh drückte: »Beschreiben Sie einmal, was zwischen Ihnen und den Kollegen passiert.«
»Das fängt schon morgens an: Da latscht eine verschlafene Figur im Schlabberpulli an mir vorbei und murmelt ein M-Wort, das ich kaum verstehen kann. Erwarte ich wirklich zu viel, wenn ich ordentlich gegrüßt werden will?«
»Wie stellen Sie sich eine ›ordentliche Begrüßung‹ vor?«
»Dass ein Kollege stehen bleibt und ein paar Worte mit mir spricht – sich zum Beispiel erkundigt, wie es mir geht. Und dass er, wenn er ›guten Morgen‹ sagt, nicht einen Ton verwendet, der nach ›bescheidenen Morgen‹ klingt.«
»Also gut, Ihre Kollegen beherrschen die Kunst des Grüßens nicht. Was stört Sie noch?«
»Dass ich unsichtbar bin!« Sie warf ihre Hände nach oben, als würde sie Sand in alle Winde verstreuen.

»Wie bitte?«
»Ich meine: unsichtbar für die Kollegen. Sie übersehen meine Leistung. Zum Beispiel arbeite ich jede Woche komplizierte Kalkulationen für den Vertrieb aus. Aber was kommt zurück? Eine Mail ohne Anrede, bestehend aus einem Wort: ›danke‹.«
»Ist ein kurzes Danke nicht besser als keines?«
Sie hob abwehrend die Handflächen: »Sorry, aber auf diesen Fastfood-Dank kann ich verzichten. Wäre es wirklich zu viel verlangt, dass mal ein Kollege bei mir vorbeischaut und mir seine Anerkennung ausdrückt?«
»Was versäumen die Kollegen sonst noch so?«
»Wenn ich mit einer neuen Frisur oder einem neuen Kleid ins Büro komme – können Sie sich vorstellen, wie frustrierend es ist, wenn kein Mensch ein Sterbenswörtchen dazu sagt?«
»Dieses Schweigen sagt Ihnen …?«
Sie atmete tief durch: »Dass ich den Kollegen völlig egal bin! Da könnte sich eine Fremde auf meinen Bürostuhl setzen, aber niemandem fiele es auf. Sie müsste nur meine Arbeit ordentlich machen.«
»Wann haben Sie eigentlich zuletzt einen Kollegen gelobt?«
»Das ist lange her; ich hab ja wenig Anlass dazu.«
»Und wie halten Sie es morgens mit dem Grüßen?«
»Da habe ich auf Sparflamme umgestellt. Meine Oma sagte immer: Jeder muss einstecken können, was er selbst austeilt.«
Aha! Die Lady war eine Prinzessin auf der Erbse, die bei ihren Kollegen das kleinste Fehlverhalten erspürte; doch was sie

anderen als Flegelei ankreidete, hielt sie bei sich selbst für eine angemessene Reaktion. Woher wusste sie eigentlich, dass *sie* auf das Verhalten ihrer Kollegen reagierte – und nicht umgekehrt? Je länger ich im Beratungsgespräch nachhakte, desto mehr wurde ein Teufelskreis sichtbar.

Erst war sie von ihren Kollegen noch freundlich gegrüßt worden, wenn auch ohne halbstündiges Gespräch zum persönlichen Befinden, ohne Applaus für die Frisur, ohne Jubel fürs neueste Kleid. Auf diese »Fastfood«-Freundlichkeit reagierte sie wie eine zugeschnappte Auster *(Diese Stoffel werde ich spüren lassen, was ich von ihnen halte!)*. Worauf die Kollegen immer flüchtiger grüßten *(Was bildet sich diese Tussi eigentlich ein?)*. Worauf sie immer mehr zuschnappte. Und wenn sie nicht gestorben sind (oder in die Karriereberatung gehen!), ignorieren sie sich in ein paar Monaten völlig – und geben sich gegenseitig die Schuld daran.

Diese Tatsache verblüfft mich immer wieder: dass dieselben Kollegen, die mit Samthandschuhen behandelt werden wollen, mit Boxhandschuhen austeilen. Statt anderen auf die Nase zu hauen, ist es aber klüger, sich an die eigene Nase zu fassen. Diese Botschaft habe ich, freundlich verpackt, an Petra Ocker vermittelt. Sie schluckte und versprach, bis zur nächsten Beratung darüber nachzudenken.

Beim Abschied strengte ich mich an, mir ihre kunstvolle Frisur einzuprägen. Denn war es nicht wahrscheinlich, dass sie ihr nächstes Date mit Udo Walz vor unserem Wiedersehen hatte? In dieser Hinsicht wollte ich eine bessere Figur als ihre Kollegen abgeben. Denn ein Minimum an Aufmerksamkeit hat eine Prinzessin dann doch verdient!

Der Stimmungsmörder

Ein nervöses Murmeln lief durch die Reihen des Konferenzsaals, in dem die fünfundsiebzig Mitarbeiter des Internet-Handelshauses dicht gedrängt saßen. Welche Hiobsbotschaft würde ihnen die Chefin bringen? Die Umsätze hatten die hoch gelegte Erwartungslatte nicht einmal gekratzt; Gerüchte von Stellenstreichungen machten die Runde.
Doch die Geschäftsführerin sagte: »Wir wollen keine Jobs streichen, sondern weitere schaffen.« Ein neues Vertriebskonzept sollte den Schwerpunkt von billigen auf hochwertige Lifestyle-Produkte verlagern. Dieser Plan wirkte durchdacht und überzeugend. Die Nervosität im Saal ging in fröhliches Geschnatter über.
Am Ende beantwortete die Geschäftsführerin Fragen. Etliche Kollegen erkundigten sich nach Details. Die Chefin antwortete mit großer Offenheit. Nach dreißig Minuten schienen alle Anliegen geklärt.
Doch dann hob sich in der letzten Reihe ein langer Arm. Es sah aus, als würde ein Rheumapatient mit schmerzverzerrtem Gesicht eine Gymnastik ausführen. Alle Augen wanderten nach hinten, zu Gregor Wittschorf (33), der als Programmierer der Firma bekannt und als Pessimist berüchtigt war.
Er schüttelte langsam den Kopf. »Also jetzt mal ehrlich: Glauben Sie eigentlich an diesen Zauber, den Sie uns hier erzählen?« Seine Stimme klang matt wie aus dem Jenseits. »Entschuldigung, aber ich meine: Bis jetzt sind doch alle Prognosen nach hinten losgegangen. Wirklich alle!«
Die Geschäftsführerin schenkte ihm ein Lächeln: »Natürlich

haben wir die Weisheit nicht gepachtet. Doch ich glaube an das neue Konzept. Geben Sie der Idee eine Chance.«
Gregor Wittschorf schüttelte den Kopf: »Das klingt ja schön und gut. Aber Entschuldigung, ich bin kein Junge mehr, dem man Märchen erzählen kann. Wir stecken bis zum Hals in Problemen. Was soll da ab morgen anders sein?«
Eine Kollegin aus der Internetredaktion meldete sich: »Gregor, wir sollten nach vorne schauen, nicht immer nur zurück!«
Sein Kopfschütteln erreichte nun die Frequenz eines Zitterrochens: »Moment mal! Wollen wir Blindekuh spielen? Oder wollen wir uns Tatsachen anschauen? Entschuldigung, da wären ...« Nun träufelte er das Gift sämtlicher Probleme in den Raum, die in der zweijährigen Startphase der Firma aufgetaucht waren. Er ritt auf jedem Fehler herum, grub alte Kriegsbeile aus und streute Salz in offene Wunden.
Sein Gift wirkte. Die Gesichter der Kollegen verfinsterten sich. Denn wer konnte sicher sein, dass das neue Konzept funktionierte? Und stimmte es nicht, dass in der Vergangenheit viele Hoffnungen geplatzt und viele Kleinkriege ausgebrochen waren?
Als die ersten Kollegen in dasselbe Horn bliesen wie er, als die Zweifelnden immer lauter und die Hoffenden immer leiser wurden, ging Gregor Wittschorf vom Kopfschütteln zum pöbelnden Murmeln über. Die Geschäftsführerin saß plötzlich auf der Anklagebank und musste sich verteidigen. Die Stimmung war gekippt.
Was die Masern unter Kindern sind, ist die schlechte Stimmung unter Kollegen: eine ansteckende Krankheit. Wenn einer sie hat, haben sie bald alle! Es ist verblüffend, welchen

Terror ein einziger Berufspessimist ausüben kann. Er braucht nur einen Raum zu betreten, schon erstickt die Depression alles, was gerade noch am Blühen war.

Sein Folterinstrument sind Fragen wie: »Woher wissen wir denn so sicher, dass es funktioniert?« oder: »Wenn es wirklich ein so guter Einfall wäre, hätten es dann nicht schon andere probiert?« Er malt niemals den Erfolg, sondern immer nur den Misserfolg aus – in so schwarzen Farben, dass jede Idee beerdigt wird.

Sein Gedächtnis besteht aus zwei Abteilungen. Die erste funktioniert wie der Papierkorb auf seiner Computeroberfläche: Sie sammelt, was er für überflüssig hält, und gibt dann den Löschbefehl. Hier verschwindet alles Positive: Erfolge und Freundlichkeiten, Fortschritte und Glücksmomente.

Die zweite Abteilung gleicht einem Filmarchiv: Sie speichert akribisch jedes Detail. Hier stapelt sich Negatives: Kleinkriege und Intrigen, Fehler und Misserfolge, Unglück und Rückschläge (oder das, was er dafür hält). Diese Horrorfilme spult er bei jeder Gelegenheit ab, am liebsten auf großer Leinwand, vor allen Kollegen.

Wer einmal mit ihm in der Kantine saß, versteht das Phänomen am besten: Erst essen alle mit Appetit, dann fragt er: »Findet ihr nicht auch, dass die Nudeln versalzen sind? Und womit ist bloß der Salat gewürzt? Das schmeckt wie Pflanzengift!« Plötzlich beobachtet man, wie alle Gabeln nur noch lustlos in den Tellern stochern.

Der Berufspessimist bringt in seinen Kollegen eine Saite zum Klingen, die ohnehin empfindlich für Schwingungen ist: die Saite des Destruktiven. Wer sein Essen oder seinen

Arbeitgeber lange genug auf Mängel prüft, wird entweder welche finden – oder sich welche einbilden. Beides läuft auf dasselbe hinaus, denn die konstruktivistische Psychologie weiß: Wahrheit entsteht durch Wahrnehmung.

Manchmal ziehen die düsteren Prognosen auch düstere Wahrheiten nach sich. Zum Beispiel tönt der Berufspessimist: »Unser Chef hat von Tuten und Blasen keine Ahnung.« Die Kollegen erinnern sich, dass der Boss die Details tatsächlich oft verkennt. Fachliche Informationen an ihn – wären das nicht Perlen vor die Säue? Also informieren sie den Chef immer weniger. Also nimmt dessen Wissen immer mehr ab. Also behält der Berufspessimist am Ende, was er anfangs gar nicht hatte: nämlich recht.

»Alles schon erlebt!«

Die Luft im Büro der Lokalredaktion war so verraucht, dass man sie in Scheiben hätte schneiden können. Das lag am Zigarettenqualm, aber es hätte auch am Rauchen der Köpfe liegen können: Fünf Redakteure brüteten seit einer halben Stunde über der Frage, mit welcher Überschrift sie den Artikel zur Krise der lokalen Schraubenfabrik versehen sollten. Mehrere Vorschläge waren schon verworfen worden.

Da rief die Jungredakteurin Julia Beyer (25): »Wie wäre es mit der Headline: ›Hat der Weltmarkt eine Schraube locker?‹ Es geht ja darum, dass die Fabrik durch billige Produkte aus Fernost in Schwierigkeiten ist.« Strahlend blickte sie in die Runde.

Heiner Eigendorf (60), seit fünfunddreißig Jahren Lokalredakteur, öffnete seinen Mund wie zum Gähnen: »Das geht

leider nicht, junge Frau. Solche Wortspiele mit ›Schraube locker‹ hatten wir schon vor fünfzehn Jahren. Das können wir nicht schon wieder machen. Da müssen wir uns schon was Neues einfallen lassen.«
Julia Beyer grollte; das war bereits der dritte Vorschlag von ihr, den der grauhaarige Kollege mit Verweis auf ältere Artikel ablehnte. Diesmal hatte sie extra einen Begriff einbezogen, der in früheren Jahren kaum verwendet wurde: den Weltmarkt. Aber allein das Wortspiel mit der Schraube reichte aus, dass ihr ach so erfahrener Kollege die neue Idee als alten Hut diffamierte.
Heiner Eigendorf schien sich daran zu ergötzen, dass es für ihn nichts Neues unter der Sonne gab – keinen Ort, den er nicht gesehen, keinen Skandal, den er nicht schon aufgedeckt, keine Überschrift, die er nicht schon vor mindestens hundert Jahren verwendet hatte. Julia Beyer hätte es nicht gewundert, wenn ihr Kollege von sich behauptet hätte, als einziger Journalist über den 11. September 2001 schon am 10. September berichtet zu haben. Er war immer der Allererste, der Allererfahrenste, der Vorreiter schlechthin.
Dagegen behandelte er Kollegen, die noch »neu im Geschäft«, also vor dem dreißigsten Dienstjahr, waren, wie der Uropa seine Enkel. Jeder zweite Satz von ihm begann mit den Worten: »Aus Erfahrung kann ich sagen …« Zwischen den Zeilen schwang mit: »Du bist noch naiv und unerfahren, du musst viel von mir lernen!« Mit Vorliebe klopfte er väterlich auf Schultern und nannte jeden, der noch nicht unter Alzheimer im fortgeschrittenen Stadium litt, einen »jungen Mann« oder eine »junge Frau«.
Auch Meinungen zum politischen Geschehen kommentier-

te er auf seine Weise: »Nun ja, nach zehn Berufsjahren mag man das *noch* so sehen.« Das »noch« klang so, als wäre das Gehirn dieser Kollegen im Moment so frei von Vernunft wie die Sahelzone von Regen – allerdings mit Aussicht auf Besserung in einigen Jahrzehnten.

Mit dieser Erfahrungsprotzerei brachte Eigendorf die ganze Redaktion gegen sich auf; hinter seinem Rücken nannten sie ihn »Mr. Neunmalklug«. Aber was sollten die jüngeren Kollegen tun? Er kam in der Hierarchie direkt nach dem Redaktionsleiter, seine Dienstjahre machten ihn unangreifbar – erst recht, wenn er den Chef vertrat, wie jeden Nachmittag in der Themenkonferenz.

Julia Beyer war sauer, auch weil der Kollege schon mehrfach ihre Ideen für Neuerungen im Keim erstickt hatte. Zum Beispiel hatte sie vorgeschlagen, auf der Internetseite der Zeitung ein Diskussionsforum für die Leser einzuführen, worauf er lapidar meinte: »Das ist eine feine Idee, nur: Wir sind schon vor dreißig Jahren darauf gekommen. Damals haben wir die ersten Leserbriefe ins Blatt genommen. Das genügt völlig.« Den Hinweis darauf, dass das Internet ein anderes Medium sei, wischte er weg: »Alter Wein in neuen Schläuchen!«

Ob in Redaktionen oder in Supermärkten, in Ingenieurbüros oder in Werkshallen: In jedem Geschäft, in jeder Abteilung gibt es mindestens einen Erfahrungshochstapler. Mit Genuss blockt er das Neue ab und macht sich zum Anwalt des Bewährten. Sein liebstes Plädoyer lautet: »Das machen wir schon immer so ...«

Und während die Flut gurgelnd steigt, die Arche Noah einläuft und die Kollegen dringend raten, man möge in dieses

Schiff einsteigen, also eine Neuerung einführen, blubbert er sein Sprüchlein einfach weiter – und sorgt nicht selten dafür, dass der ganze Laden wie ein Dinosaurier absäuft, während die Konkurrenz mit dem neuen Wind segelt.

Solche Kollegen machen sich durch ihr Verhalten kaum Freunde, bis auf den Chef. Die leicht zugespitzte Formel lautet: Wer das Alte verteidigt, verteidigt auch den Alten! Der Chef ist verantwortlich dafür, wie die Dinge bisher gelaufen sind – und wenn sich die Dinge wandeln, fürchtet er, könnte sich auch die Besetzung seines Stuhls verändern. Darum schmiedet er Bündnisse mit dem Erfahrungsfanatiker. Zusammen bilden sie ein Bollwerk gegen teuflische Neuerungen.

Der junge Siegfried

»In meiner letzten Firma habe ich ...« So eröffnete der neue Ingenieur Thomas Hoff (48), ein Typ mit dünnem Haar und dicker Armbanduhr, seine schwungvoll vorgetragenen Abenteuergeschichten, aus denen er stets als junger Siegfried hervorging. Mal – so tönte er vor den neuen Kollegen – hatte er ein neues Produkt erfunden und den Weltmarkt aufgemischt; dann einen Großkunden gewonnen und Millionen in die Kasse gespült; dann seinen Chef von einem Zukunftsmarkt überzeugt und das lukrativste aller Geschäftsfelder erschlossen.

Seine Geschichten baute er immer nach demselben Muster auf: Am Anfang steht ein Monster von einem Problem, an dem sich alle die Zähne ausbeißen. Doch als die Verzweiflung am größten ist, springt er als Retter auf die Bühne und fordert den fauchenden Problemdrachen zum Duell. Klar, dass er ihn lässig wie einen Döner aufspießt und nachhaltig aus der Welt schafft!

An den wichtigsten Stellen seiner Erzählung legte er Kunstpausen für Szenenapplaus ein. Aber die neuen Kollegen wollten nicht klatschen. Sie schauten immer grimmiger und fragten sich: Warum war dieser tolle Hecht überhaupt in den flachen Teich ihrer Firma gesprungen, noch dazu in eine einfache Fachposition? Wie kam es, dass er hier nicht durch Geniestreiche, nur durch Schwierigkeiten bei der Einarbeitung auffiel? Und warum spielten seine Heldengeschichten immer so weit in der Vergangenheit, dass man sie nicht nachprüfen konnte?

Als sich die Probezeit Thomas Hoffs dem Ende zuneigte, besuchte er mit seinen Kollegen eine große Messe. Dort schlenderte die Gruppe an einem Stand seiner Ex-Firma vorbei. Doch kein ehemaliger Kollege oder Chef sprang auf, um vor dem entschwundenen Erlöser einen Kniefall zu üben. Man schüttelte ihm nicht einmal die Hand. Sein künstlich freudiges »Hallo zusammen!« wurde nur mit einem verärgerten »Ach, du hier!« erwidert.

Wenig später kam heraus: Der tolle Hecht war mit dem Kescher einer Kündigung aus seinem alten Firmenteich geschöpft worden. Er hatte bei den Spesen geschummelt und sich auch sonst nicht mit Ruhm bekleckert. Offenbar waren seine Erzählungen nur Ablenkungsmanöver.

In der Natur nennt man diesen Vorgang »Signalfälschung«: Ein Tier gibt sich größer, prächtiger und wehrhafter, als es ist, um natürliche Feinde zu verjagen. Da gibt es Fische, die sich zur doppelten Größe aufpusten; Käfer ohne Stachel, die wie Bienen gefärbt sind; oder eine Eulenart in Mittelamerika, die sich in Erdlöcher zurückzieht und das Geräusch einer Klapperschlange imitiert.

Dasselbe Anliegen, nämlich den eigenen Kopf zu retten, treibt viele Leistungshochstapler an. Offenbar ahnen sie, dass ihre reale Leistung sie auf keinen grünen Zweig brächte. Also verkaufen sie jeden Handgriff als großen Wurf und verklären ihre Vergangenheit zur Heldengeschichte.

Aber fallen Kollegen und Chefs auf diesen Trick herein? Oder ist es die Regel, dass dieses aufgeblasene Verhalten durchschaut wird (wie bei Thomas Hoff)? Eine Studie beim Computerkonzern IBM ergab: Ob ein Mitarbeiter befördert wird, hängt nur zu zehn Prozent von seiner Leistung ab – und zu 90 Prozent davon, wie er diese Leistung seinem Chef verkauft und das Verhältnis zu ihm gestaltet.

Und wer schafft es, auf dem Leistungsradar seines Chefs aufzutauchen – ein bescheidener Stillarbeiter, der sein Büro kaum verlässt? Oder ein aufgeblasener Leistungsfisch, der mit Bugwelle durch die Firma schwimmt, um jeden seine (angeblichen) Heldentaten wissen zu lassen? Gerade in Branchen, wo viel getrommelt wird, bleiben die klugen Leisetreter oft im Erdgeschoss der Hierarchie stecken – während die Hochstapler die Chefetage stürmen. Der Humorist Heinz Erhardt hätte dazu gesagt: »Manche Menschen wollen immer glänzen, obwohl sie keinen Schimmer haben.«

2 Der Intriganten-Stadl

Einige Kollegen tragen den Dolch im Gewande: Sie warten nur darauf, ihre Konkurrenten mit einem Gerücht zu killen. Erst kommt das Intrigieren, dann kommt die Moral. In diesem Kapitel lesen Sie ...

- warum die Schallgeschwindigkeit regelmäßig übertroffen wird, wenn Gerüchte sich in der Firma verbreiten;
- wie ein Chemiker von seinen Kollegen als Aussätziger behandelt wird, nur weil Fußball nicht sein Sport ist;
- warum die besten Karrierepläne auf dem Bierdeckel entstehen
- und welche böse Überraschung ein Makler erlebt, als er den Wunsch seiner Kollegen umsetzen und einen Betriebsrat gründen will.

Das jüngste Gerücht

Etliche Rätsel dieser Erde sind gelöst. Wir wissen, wann die letzte Eiszeit war, wie man Atome spaltet und dass ein Vorgesetzter, der den ganzen Tag rumbrüllt, besser in der Psychiatrie als auf dem Chefsessel aufgehoben wäre. Aber eine viel kompliziertere Frage haben Wissenschaftler noch nicht gelöst: Wie entsteht ein Gerücht? Ein Gerücht, das sich an einen unschuldigen Menschen heftet wie der Hundekot an den Straßenschuh? Ein Gerücht, das eine vage Vermutung so lange von Ohr zu Ohr trägt, bis es alle für eine unumstößliche Tatsache halten?

Die meisten Gerüchte werden wie die Tröpfcheninfektion übertragen: von Mund zu Mund. Und das größte Ansteckungsgebiet dieser Erde sind die Firmenflure, die Kantinentische, die Einzel- und die Großraumbüros. Firmengebäude sind für Gerüchte das, was Treibhäuser für Pflanzen sind: ein idealer Raum zum Wachsen.

Nahezu jeder Leser dieses Buches wird Gerüchte aus allen Perspektiven kennen: als Urheber, der sie in die Welt setzt (denn wer ist frei von Fehlern!); als Überträger, der sie am Leben hält (denn wer ist frei von Tratschsucht!); und leider auch als Opfer, das seinen Ruf beschmutzt und seine Karrierechancen gemindert sieht (denn wer hat nicht mit dem Neid der Kollegen zu kämpfen!).

Entstehen Gerüchte zufällig? Nein, sie werden – wie schon die Sprache weiß – gestreut. Das funktioniert wie mit dem Salzstreuer: Da hat jemand ein Ziel vor Augen, wie der Koch das Schnitzel, und verwendet eine bestimmte Dosis. Das Gerücht soll einen bestimmten Zweck erfüllen: dem Verbreiter helfen und dem Opfer schaden.

Stellen Sie sich die Entstehung eines Gerüchts als Theaterstück in drei Akten vor:

Akt 1: Der Verdacht

Die erste Kollegin, die Urheberin, sagt zur zweiten:
»Sag mal, ist dir auch was an Tanja aufgefallen? An ihrer Figur, meine ich.«
»Nein, wieso?«
»Dann schau noch mal genauer hin. Ganz genau.«

»Du meinst, sie hat zugenommen?«
»Na also, du hast es auch gemerkt! Hätte mich auch gewundert, wenn nicht.«
»Jetzt, wo du das sagst! Aber im Winter isst man halt ein wenig mehr.«
»Das auch. Aber wie alt ist sie nun?«
»Vierunddreißig, glaube ich.«
»Fast fünfunddreißig, würde ich sagen. Und seit einem Jahr verheiratet. Denk mal scharf nach!«
»Du meinst also ...«
»Das habe ich nicht gesagt – das hast du jetzt gedacht!«
Haben Sie genau auf den Wortlaut geachtet? Nichts wurde ausgesprochen, alles nur angedeutet! Wäre der Tatbestand der üblen Nachrede strafbar, jeder Staatsanwalt würde sich an diesem Dialog die Zähne ausbeißen. Doch jetzt ist die Saat des Gerüchts gestreut; und das Treibhausklima besorgt den Rest.

Akt 2: Die Verbreitung
Die zweite Kollegin, die Verbreiterin, trifft eine dritte in der Kaffeeküche:
»Weißt du *es* schon?«
»Was soll ich wissen?«
»Ach, komm, tu doch nicht so: Alle wissen *es* schon.«
Die Kollegin wird hellhörig. Sie legt den Kaffeefilter achtlos wie Altpapier beiseite.
»Habe ich was verpasst? Nun sag schon!«
Die Verbreiterin schweigt.
»Ach bitte«, bettelt die Kollegin, »mach es doch nicht so spannend, erzähl es mir schon!« Sie will auch zum Orden

der Geheimnisträger gehören, damit sie nicht mehr um die brisante Information betteln muss, sondern selbst darum angebettelt wird.

»Also gut, ich sag es dir. Aber nur, wenn du es für dich behältst.« Beide wissen, dass sie sich in die Tasche lügen, aber die scheinbare Geheimhaltungsklausel sorgt für eine moralische Entlastung: Die Verbreiterin kann sich, während sie das Gerücht weitergibt, auch noch als diskret, loyal und – fast – verschwiegen fühlen.

Dann redet sie Klartext: »Tanja ist schwanger!«

Dieser Satz klingt so sicher wie eine Meldung der Tagesschau. Kein Verdacht, der auf tönernen Füßen steht, sondern eine Nachricht. Und wer eine solche »Tatsache« weiterträgt, muss doch kein schlechtes Gewissen haben – oder?

Akt 3: Das Eigenleben

Kennen Sie das Kinderspiel »Stille Post«? Man sitzt im Kreis, und einer flüstert seinem Nebenmann einen Satz ins Ohr, zum Beispiel: »Die Krokodile am Amazonas fressen immer mehr Amazonen, weil die Amazonen immer mehr zu Krokodilen werden.« Der Nebenmann flüstert das Gehörte weiter. Dieses Spiel geht so lange, bis die Botschaft nach vielen Stationen wieder beim Verbreiter ankommt.

Oder nicht ankommt. Denn obwohl sich alle bemühen, den Satz korrekt weiterzusagen, kommt es zu Verfälschungen. In meinen Seminaren erlebe ich oft: Am Ende fressen die Amazonen immer mehr Krokodile – statt umgekehrt!

Und nun bedenken Sie: Bei Gerüchten in der Firma hat niemand ein Interesse daran, sie eins zu eins weiterzugeben. Im Gegenteil: Statt nur Kellner zu sein, möchte jeder Kollege in

der Gerüchteküche ein wenig mitkochen. Also würzen die Weiterverbreiter das Gerücht mit ihren eigenen Zutaten: mit Phantasie, mit Neid, mit Intrige.
Die Ausschmückungen können bizarr sein. Zum Beispiel muss sich die arme Tanja darauf gefasst machen, dass sie nicht nur ein Kind, sondern gleich Zwillinge erwartet, dass die Schwangerschaft ungewollt ist und dass der Vater natürlich nicht ihr Mann ist, sondern dieser Lustmolch von einem Chef.
Dabei ist sie gar nicht schwanger. Dabei hat sie nicht einmal zugenommen. Dabei ist sie nur das Opfer eines Gerüchts!

Vom Strohfeuer zum Flächenbrand

Verhält es sich mit Gerüchten wie mit einem Strohfeuer? Kann der Betroffene sie austreten, wenn er schnell einschreitet? Das ist schwierig! Zunächst umkurvt das Gerücht kunstvoll die Ohren der Verleumdeten. Alle in der Firma wissen, dass Tanja schwanger ist. Nur sie selbst weiß es nicht! Zwar merkt sie, dass die Augen der Kollegen einen Tick zu lange auf ihrem Oberkörper ruhen (hat sie beim Mittagessen ihr Kostüm bekleckert?); dass bei der Betriebsfeier am Nachbartisch getuschelt wird und dass alle Projekte, die ins nächste Jahr laufen, plötzlich nicht mehr bei ihr, sondern bei einer Kollegin landen.
Aber ihre Nachfrage, ob etwas sei, schütteln die Kollegen ab wie nasse Hunde das Wasser: »Nein, was sollte sein?« Stimmt, was sollte sein! Sie hat sich nichts zuschulden kommen lassen. Und gibt es nicht immer wieder Phasen, in denen die Kollegen merkwürdig sind?

Erst wenn das Gerücht über den Hof der Firma hinausspringt, durch die ganze Stadt eilt und bei einer Freundin ankommt, die per Handy zur Schwangerschaft gratuliert – frühestens dann fügen sich die Puzzlesteine des Unbehagens zu einem Bild zusammen: Tanja ist das Opfer eines Gerüchts geworden!
Aber mittlerweile ist das Strohfeuer zu einem Flächenbrand gewachsen, bis in den letzten Winkel der Firma und darüber hinaus. Hilft jetzt noch eine Richtigstellung? Journalisten wissen: Die Falschmeldung wirkt immer stärker als ihr Dementi!
Das gilt schon deshalb, weil die mündliche Richtigstellung zahlreiche Kollegen erst gar nicht erreicht – so wie eine erfundene Schlagzeile über Promis (»Affäre mit Prostituierter!«) von Seite eins in alle Augen springt, während die Gegendarstellung als winziges Kästchen auf Seite 48 (»Affäre angedichtet«) nur noch Medienwissenschaftler interessiert.
»Eine Lüge ist bereits dreimal um die Erde gelaufen, bevor sich die Wahrheit die Schuhe anzieht«, wusste der US-Autor Mark Twain schon zu einer Zeit, als der Mississippi längst noch nicht über »Google Earth« zu finden war.
Erschwerend kommt hinzu: Alles, was Opfer von Gerüchten sagen oder nicht sagen, kann gegen sie verwendet werden. Wenn Tanja zu ihrer »Schwangerschaft« schweigt, wird das als Geständnis gewertet (»Sonst würde sie doch widersprechen!«). Wenn sie sich wehrt, heißt es: »Betroffene Hunde bellen; wird schon was dran sein!«
Die Kollegen sind auch nur Menschen, so wie die Leser der Boulevardzeitung. Sie *wollen* das Sensationelle lieber glau-

ben als das Gewöhnliche, jenes Schlafmittel, das sie aus ihrem eigenen Reihenhaus-Leben in Überdosis kennen.
Bleibt die Frage: Warum hat die Kollegin das Gerücht gestreut? Aus Neid? War Tanja beliebter als die Intrigantin? Erntete sie mehr Lob für ihre Arbeiten, mehr Komplimente für ihr Auftreten? Stand sie beim Chef hoch im Kurs (wahrscheinlich kam er nicht umsonst zu »Vater-Ehren«!)? Dann war das Gerücht als Dämpfer gedacht, der Tanja kleiner und die Gerüchte-Streuerin daneben größer machen sollte.
Oder ging es um Aufstiegschancen? Dieses Motiv wird umso wahrscheinlicher, je höher die berufliche Qualifikation ist. Akademiker balgen sich heftig um Stücke vom schrumpfenden Karrierekuchen. Früher war ein Hochschulabschluss ein Passierschein zur Chefetage; heute hat sich die Zahl der Hochqualifizierten vervielfacht, während die Hierarchien flacher, die Führungspositionen seltener geworden sind.
Wie schafft es ein Kollege, das Beförderungsbuffet als Erster zu erreichen? Er kann mit dem Ellenbogen rempeln, also Kontrahenten öffentlich angreifen. Nicht ungefährlich, denn der Attackierte kann sich wehren. Und die Stimmung kann gegen den Angreifer kippen, sofern die anderen ihn für unfair halten.
Geschickter scheint es den Intriganten, heimlich zu rempeln – mit teuflischen Gerüchten. Wer profitiert eigentlich davon, dass Tanja nicht mehr als vollwertige Arbeitskraft, nur noch als Mutter in spe wahrgenommen wird? Auf wessen Tisch landen jetzt langfristige Projekte, die ihr keiner mehr anvertraut? Und wer würde an ihrer Stelle befördert, wenn sie nicht mehr aufsteigt? Man sollte mal einen scharfen Blick auf die Streuerin des Gerüchts werfen!

Der Mann im Abseits

Was hatte er nur getan, dass ihn die Kollegen wie einen Aussätzigen behandelten? Eine Antwort auf diese Frage wollte der promovierte Chemiker Dieter Haupt (54) in der Karriereberatung suchen.

»Was genau passiert zwischen Ihnen und den Kollegen?«, fragte ich.

»Viel zu wenig passiert! Die sprechen kaum mit mir. Ich glaube, das Firmengebäude müsste brennen, ehe mal ein Kollege freiwillig in mein Büro kommt und Bescheid sagt. Aber auch da bin ich mir nicht sicher!«

»Klingt dramatisch.«

»Ist es auch! Alles läuft an mir vorbei: die Informationen, die Gespräche, die Gemeinschaft. Neulich fragte mich eine Schulpraktikantin, so ein unschuldiges Ding: ›Herr Haupt, warum gehen Sie denn nie mit den Kollegen zum Mittagessen?‹«

»Was haben Sie gesagt?«

»›Ich bekomme erst später Hunger.‹ Das war natürlich eine billige Lüge. Die Wahrheit ist ...« Er zögerte und kratzte sich am Kinn.

»Die Wahrheit ist?«

»... dass die Kollegen mich nicht dabeihaben wollen! Ich höre doch jeden Mittag, wie von Büro zu Büro die Nachricht läuft: ›Es geht los!‹ Und wenn es einer verpasst, hält die Karawane vor seinem Büro. Nur an meiner Tür schleichen sie vorbei wie ein Indianerstamm auf dem Kriegspfad.«

»Hat denn jemand das Kriegsbeil ausgegraben?«

»Wenn ich das nur wüsste! Gut, ich bin erst seit acht Monaten in der Firma – da ist man im Mittelstand ja noch ein Fremder. Aber die Praktikantin nehmen sie ja auch in die Kantine mit und reden mit ihr. So war das mit mir anfangs auch.«

»Gab es irgendeinen Vorfall, der das geändert hat, einen Streit oder so?«

»Nichts, rein gar nichts.« Er zögerte kurz und kratzte sich wieder am Kinn. »Zumindest nichts Dienstliches.«

Bei seinen letzten Worten wuchsen meine Ohren auf eine Größe, dass mich jeder Zoo als Elefant genommen hätte: »Und *außerdienstlich?*«

»Einmal bin ich in ein Fettnäpfchen getreten. Da wollten die Kollegen am Wochenende zu einem Fußballspiel. Ich war gerade sechs Wochen in der Firma. Sie wissen ja, ich komme aus einem Konzern. Da ist nach Feierabend jeder seine eigenen Wege gegangen. Daher kam es mir richtig komisch vor, als mich ein Kollege fragte: ›Wollen Sie am Wochenende mit zum Borussia-Spiel kommen? Danach gehen wir noch essen, gerne mit Partnerin.‹«

»Was fanden Sie daran komisch?«

»Die Vorstellung, dass erwachsene Männer zu so einer Klassenfahrt ins Stadion aufbrechen, womöglich mit Fahne in der Hand, mit Schal um den Hals und mit Torschrei auf den Lippen.«

»Zu kindisch?«

»Genau! Außerdem wollte ich meine Frau aus dem Spiel lassen. Bin ich den Kollegen denn Rechenschaft darüber schuldig, mit wem ich mein Bett teile?«

»Dann haben Sie auf die Einladung kühl reagiert.«

»Ich habe gesagt, dass ich von Fußball nicht so viel halte.

Dafür von Basketball umso mehr. Darauf hat der Kollege gesagt: ›Du musst es wissen …‹«
»Haben Sie gehört, wie der Ausflug verlaufen ist?«
»Nicht direkt. Aber am nächsten Montag waren alle verbrüdert. Sie drückten sich in der Kaffeeküche herum wie Jungs auf dem Schulhof. Zwei Kollegen, die vorher per Sie waren, haben sich plötzlich geduzt. Alle kicherten und raunten sich Anspielungen zu. Danach gingen sie immer wieder zum Fußball. Ich wurde nie mehr gefragt.«
Im Verlauf des Beratungsgesprächs fand ich heraus: Die Stimmung war exakt zu jener Zeit gekippt, als Dieter Haupt die Einladung zum Fußball ausgeschlagen hatte. Niemand verirrte sich mehr in sein Büro, alles lief an ihm vorbei. Als am Jahresende die Weihnachtsgeschenke der Geschäftspartner verteilt wurden, schleppten die Kollegen tütenweise Wein und Süßigkeiten nach Hause. Nur er ging mit leeren Händen.
Je öfter die Kollegen ohne ihn unterwegs waren und gemeinsame Sache machten, desto mehr rückte er an den Rand der Gruppe. War das erstaunlich? Nein. Psychologen wissen, dass der Zusammenhalt zwischen Menschen, Kohäsion genannt, einen speziellen Klebstoff braucht: Isolierungsriten. Darum fahren Paare in die Flitterwochen, Kinder ins Landschulheim und Arbeitskollegen zum Stammtisch und zum Fußball.
Es geht nicht ums Bier und nicht ums Kicken – es geht um die Gemeinschaft. Die Einladung zum Fußball war keine Einladung ins Stadion, es war eine Einladung, den Raum der Gruppe zu betreten. Und Dieter Haupts »Nein«, das der Sportart gegolten hatte, war als »Nein« zu dieser Gemein-

schaft angekommen. Diese vermeintliche Zurückweisung zahlten ihm die Kollegen nun auf brutale Weise heim: Sie behandelten ihn wie einen Aussätzigen.

Von Kneipen und Karrieren

Jeden Arbeitskollegen gibt es zweifach: einmal vor Feierabend und einmal nach Feierabend. Manchmal muss man sich den Ausweis zeigen lassen, um zu glauben, dass es sich um denselben Menschen handelt. Nach Dienstschluss verändert sich alles: die Kleidung, denn der Krawattenmann schlüpft ins Hawaii-Hemd und die Kostümfrau in die Jeans – aber auch das Verhalten, denn alle zusammen tauen auf wie Gletscher am Ende der Eiszeit.

Herr Burkhardt aus dem Controlling, der im Alltag nicht einmal sein Geburtsdatum verraten würde, rückt nach dem dritten Bier mit der Geschäftsprognose fürs neue Jahr heraus (gut zu wissen für die nächste Gehaltsverhandlung!). Frau Hübner, die sonst so unnahbare Assistentin des Vorstands, plaudert an der Theke aus, welche Abteilungsleiterposten in den nächsten vierundzwanzig Monaten vakant werden (gut zu wissen für die Karriereplanung!); und Herr Kleiber, ein sonst schüchterner Arbeiter aus der Poststelle, weiß bei einem Klaren zu berichten, wie viele Einschreiben des Arbeitsgerichts in letzter Zeit eingegangen sind und auf heiße Abfindungsschlachten hinweisen (gut zu wissen, um Fettnäpfchen zu meiden).

Plötzlich bilden Kollegen, die im Alltag getrennte Wege gehen, eine Einheit. Bündnisse werden geschmiedet, brisante Informationen weitergereicht, Karrierepläne ausgeheckt.

Und die Zahl der Duzfreunde steigt ebenso schnell wie der Alkoholpegel. Ein einziger Abend in der Kneipe kann für die Karriere nützlicher (und für die Leber schädlicher) sein als ein ganzes Jahr in der Firma.

Wer das für übertrieben hält, sei auf eine Studie des US-Wissenschaftlers Edward Stringham verwiesen: Er hat untersucht, wie sich der Alkoholkonsum auf den Berufserfolg auswirkt. Ergebnis: Ein Tröpfchen in Ehren führt zu Karrieren. Alkoholtrinker hängen Abstinenzler im Karriererennen locker ab, auch beim Gehalt: Trinkfreudige Männer verdienen 10 Prozent mehr, Frauen sogar 14 Prozent. Erst wer es übertreibt, wer sich mehr als einundzwanzig Drinks pro Woche genehmigt, fährt seine Karrierechancen in den Graben.

Erklärung des Wissenschaftlers: Alkoholtrinker suchen die Gemeinschaft, bauen sich Netzwerke auf und üben sich am Tresen in einer Disziplin, die auch im Alltag gefragt ist – dem Sprücheklopfen (oder der »Kommunikation«, um es wissenschaftlich zu sagen).

So erfreulich diese Studie für die einen ist, die gern mit Kollegen zechen, so ernüchternd ist sie für die anderen, die Schnaps und Geschäft trennen wollen. Wer am Tresen nicht dabei ist, dem fehlt es an Komplizen.

Aber Fürsprecher brauchen Sie! Denn wie informiert sich der Chef über die Leistungen seiner Mitarbeiter? Schaut er ihnen rund um die Uhr über die Schulter? Nein, meist schwebt er oben auf seiner Chefwolke und holt sich nur gelegentlich ein Statement von Kollegen ein: »Na, wie macht sich eigentlich Frau Müller?«

Wer nun – als Kneipenbruder oder Kegelschwester – bei den

Kollegen so viel Jubel auslöst wie ein Torschütze in der Südkurve, hat beste Aussichten auf eine schnelle Beförderung. Im Gegenzug wird er seine Kumpels ebenfalls mit Engelszungen für einen Aufstieg empfehlen oder sie per Seilschaft in die Chefetage nachholen.

Wer dagegen – wie Dieter Haupt – im Abseits steht, kann einen Baum nach dem anderen ausreißen, ohne dass seine Karriere vorankommt. Er läuft gegen ein Bollwerk aus Missgunst. Er muss damit rechnen, dass die Kollegen alles Gute über ihn verschweigen und alles Schlechte verbreiten – vorzugsweise bei Stadionfahrten oder Zechtouren, bei denen er günstigerweise nicht dabei ist (während andere potenzielle Lästeropfer allein durch ihre Anwesenheit das Schlimmste verhindern können!).

Solche Seilschaften schmieden Kollegen nicht nur in verrauchten Hinterzimmern, sondern auch in luftigen Höhen. Das bekannteste Beispiel ist der sogenannte Anden-Pakt, der 1979 geschlossen wurde, als zwölf junge CDU-Politiker Südamerika bereisten. Die Parteikollegen verbrüderten sich und leisteten einen Schwur: Statt sich gegenseitig Knüppel zwischen die Beine zu werfen, wie im politischen Konkurrenzkampf üblich, wollten sie einander auf dem Weg zur Macht unterstützen.

Gleich vier der Jünglinge, die damals im Flugzeug saßen, haben es bis zum Ministerpräsidenten gebracht: Roland Koch, Christian Wulff, Günther Oettinger und Peter Müller. Achten Sie einmal darauf: Noch heute springen die Anden-Brüder sich in politischen Debatten zur Seite – während sie andere Kollegen in die Mangel nehmen.

Das klingt nach Sozialromantik, nach Freundschaft zwischen Winnetou und Old Shatterhand. Aber was ist mit all jenen Kollegen passiert, die zufällig nicht in diesem Flugzeug saßen? Hieß das Versprechen, sich gegenseitig zu unterstützen, nicht gleichzeitig auch, alle anderen Konkurrenten auszubremsen? Wie viele begabte Nachwuchspolitiker der Union sind wohl nicht an ihrem Talent, sondern nur am Bollwerk dieses Kollegenklüngels gescheitert?

Den Mutigen beißen die Hunde

Beim Blick auf ihren letzten Gehaltszettel des Jahres sahen die Mitarbeiter der Immobilienfirma in einen Abgrund: Das komplette Weihnachtsgeld fehlte! In einem Begleitbrief erklärten die beiden Geschäftsführer, die Jahresergebnisse seien »dürftig ausgefallen«. Daher schränke die Firma ihre freiwilligen Leistungen »vorübergehend ein« – natürlich »im Interesse der Mitarbeiter, um betrieblich bedingte Kündigungen so lange wie möglich zu vermeiden«.

Im Großraumbüro brodelte es. Am lautesten schimpfte der Immobilienkaufmann Fred Hauser (32), ein junger Familienvater: »Die wollen uns wohl verarschen! Nur weil sie dieses Jahr nicht fünfzehn, sondern nur neun Millionen verdient haben, klauen sie uns das Geld aus der Lohntüte. Jedem von uns fehlt das dreizehnte Gehalt. Und was soll eigentlich der Satz mit den betriebsbedingten Kündigungen? Das ist doch eine Drohung, das dürfen wir uns nicht gefallen lassen!«

Ein Kollege rief: »Bravo!«, ein anderer: »Das musste mal gesagt werden!« Alle nickten und pflichteten bei. Die Auszubildende mit den Rastalocken hauchte: »Du hast ja so recht, Fred!«, und himmelte ihn aus ihren rehbraunen Augen an,

als wäre Che Guevara dem Poster entstiegen. Es roch nach einem Aufstand gegen die Geschäftsleitung.
Der Ärger war berechtigt. Mit raffinierten Tricks hatte sich die Firma dem Tarifvertrag entzogen, das bedeutete: Die Arbeitszeiten waren besonders lang (oft zehn Stunden pro Tag), die Gehälter besonders niedrig. Das Firmengeld sprudelte nur dort, wo es die beiden Geschäftsführer gut angelegt sahen: bei ihnen selbst. Im vierten Stock residierten sie wie die Könige. Ihre Büros waren so reich mit Gemälden bestückt, dass die Mitarbeiter nur von der »Galerie« sprachen. Geschäftskunden führten sie nicht nur zum feinsten Italiener der Stadt, sondern gelegentlich übers Wochenende sogar nach Mailand. Und ihre dicken Dienstwagen passten kaum durch die Einfahrt der Tiefgarage.
Aber was sollten die Mitarbeiter unternehmen? Dieter Klar (54), ein besonnener Makler, fragte in die Runde: »Wisst ihr, warum unsere Interessen nicht vertreten werden? Weil wir gegenüber der Geschäftsführung keine Vertretung haben. Die können mit uns machen, was sie wollen.«
»Genau so ist es!«, sprang ihm Fred Hauser bei. »Wir werden hier ausgebeutet wie in einer Galeere. Ich für meinen Teil werde das nicht mehr lange mitmachen.« Wieder schmachtete die Rastalockige ihn an.
Dieter Klar sagte: »Wir brauchen einen Betriebsrat. Dann können wir Entscheidungen mitbestimmen, statt dass über unsere Köpfe hinweg entschieden wird.« Keiner widersprach, deshalb recherchierte er noch am selben Abend im Internet, wie sich ein Betriebsrat gründen ließe. Er fand heraus: Drei wahlberechtigte Arbeitnehmer mussten zu einer Betriebsversammlung einladen.

Er tippte die Einladung und drehte am nächsten Tag seine Runde: »Unterschreibst du die Einladung mit?« Doch schon der erste Kollege hob abwehrend die Hände: »Ich unterschreibe nicht!« Als Klar ihn strafend ansah, fügte er schnell hinzu: »Sicher, ich habe mich über das gestrichene Weihnachtsgeld aufgeregt. Aber du weißt doch, ich habe gerade ein Haus gebaut; ich kann mir das einfach nicht leisten.«
Also gut! Dieter Klar ging weiter. Neuer Kollege, altes Spiel. Was, zum Teufel, war in die Kollegen gefahren? Schließlich sollten sie eine Einladung zur Betriebsversammlung, nicht ihr eigenes Todesurteil unterschreiben! Oder lief das in den Augen einiger auf dasselbe hinaus? Doch vielleicht fehlte es nur an der ersten Unterschrift, und dann wäre der Bann gebrochen. Zielsicher steuerte Klar auf Fred Hauser zu, den »Revolutionsführer«. »Stell dir vor: Jetzt gehe ich mit einer Einladung zur Gründung eines Betriebsrats herum – und alle ziehen den Schwanz ein, keiner will unterschreiben.«
Fred bohrte mit seinem Blick ein Loch in die Schreibtischplatte: »Irgendwie kann man sie ja auch verstehen – oder?«
»Wie bitte? Wir waren uns doch alle einig!«
»Ach, weißt du, in der ersten Wut sagt man so einiges.«
»Jetzt sag aber nicht, auch *du* willst die Unterschrift verweigern!«
Freds Blick durchbohrte mittlerweile den Fußboden: »Du weißt doch, ich bin gerade Vater geworden. Wenn ich jetzt auf der Straße lande, dann ...«
»... dann bist du selber schuld! Wenn du nicht unterschreibst, verhinderst du doch, dass deine Interessen vertreten werden. Der Betriebsrat muss vor jeder Kündigung, ja sogar vor jeder Einstellung gehört werden.«

Freds Blick hatte jetzt den Keller erreicht. Er sagte: »Nein.«
»Schöne Kollegen seid ihr!«, rief Dieter Klar so laut, dass die Jalousie im Großraumbüro wackelte. Dann zerriss er die Einladung.
Ein paar Tage später hatte die Sache ein Nachspiel. Dieter Klar wurde in die »Galerie« bestellt. Die beiden Geschäftsführer watschten ihn als »Unruhestifter« ab. Einer der ach so empörten Kollegen musste ihn bei den Weihnachtsgeld-Killern angeschwärzt haben!
Das kennen Sie wahrscheinlich auch: Unter den Kollegen wimmelt es nur so von Helden. Jeder ist ein furchtloser Musketier, wenn er sein Lästerschwert gegen Missstände schwingt: gegen die Planstellen, die nicht ausreichen; gegen die Liefertermine, die zu eng gesetzt sind; gegen die Geschäftspolitik, die zu wenig transparent ist; gegen den Chef, der nicht führen kann; gegen die Einsparung, die nur aus Gier erfolgt; und gegen den Koch in der Kantine, der drei Körnchen Salz zu viel in die Hühnersuppe gestreut hat.
Aber was geschieht, wenn einer aus dem Kollegenkreis versucht, dieser Kritik eine offizielle Stimme zu verleihen? Oder wenn gar ein gehobener Chef nach dem werten Befinden fragt? Dann verwandeln sich die Musketiere in handzahme Schoßhunde. Alle geben Pfötchen, keiner knurrt mehr. Weshalb der einzige Mutige, der noch bellt, sofort wie ein tollwütiger Hund wirkt und von den Chefs nicht selten auf die Straße gejagt wird: »Pfui!«
Merke: So mancher Kollege, der auf den ersten Blick wie ein Held erscheint, stellt sich auf den zweiten Blick als Maulheld heraus.

3 Konkurrenz verdirbt das Geschäft

Sie lügen und betrügen, klauen Ideen und gehen über Leichen: Wenn die eigene Karriere auf dem Spiel steht, sind Kollegen bei der Wahl ihrer Mittel nicht zimperlich. In diesem Kapitel lesen Sie …
- wie ein Jurist seine Beförderungskonkurrentin mit schmutzigen Tricks verunglimpft;
- wie im Schaufenster einer Boutique eine vorzügliche Idee die Besitzerin wechselt;
- wie der Verfasser dieses Buches von einem dreisten Autorenkollegen bestohlen wird
- und warum eine Bewerbung um einen Führungsjob schnurstracks ins Haifischbecken führt.

Die Schlammschlacht

»Er lässt kein gutes Haar an mir!«, schimpfte die Juristin Claudia Tappert (41) in der Karriereberatung. Mit »er« war Guido Borchert (39) gemeint, ihr Kollege bei dem großen Rückversicherer. Die beiden hatten ihr Studium mit Prädikatsexamen abgeschlossen, galten als Leuchten ihres Teams und hatten sich immer gut verstanden – bis zu jenem Frühjahrstag, als ihr gemeinsamer Chef erklärte, er sei »mit Wirkung zum Jahresende« befördert worden. Seine Nachfolge werde er »bis dahin in aller Ruhe regeln«.

»Wir saßen im Konferenzraum«, erinnerte sich Claudia Tappert, »zwanzig Leute am Tisch. Das war eine merkwürdige Situation. Denn kaum hatte er seine Nachfolge angesprochen, drehte sich ein Teil der Köpfe zu Guido. Er hat gestrahlt wie ein Olympiasieger auf dem Podest. Und ein paar Köpfe wandten sich zu mir. Ich muss geschaut haben wie die Putzfrau einer Konzerthalle, die versehentlich ins Scheinwerferlicht gestolpert ist.«

»Was genau hat Sie irritiert?«, fragte ich.

»Beförderung hieß für mich immer: Da kommt jemand auf mich zu und bietet mir einen Job an. Aber jetzt gab es nur *einen* Sessel, aber mindestens *zwei* Leute, die sich darauf setzen wollten. Das lief auf ein Duell hinaus.«

»Und dazu waren Sie nicht bereit?«

»Die erste Stimme in mir rief: ›Mach das bloß nicht! Der Chef will dich nicht als Nachfolgerin; sonst hätte er klare Verhältnisse geschaffen. Es muss ihm doch klar sein, dass du gegen Guido keine Chance hast.‹« Sie hielt inne und ließ resigniert den Kopf sinken.

»Und die zweite Stimme?«, hakte ich nach.

Ihr Kopf hob sich kämpferisch: »Diese Stimme sagte: ›Wenn Guido in den Augen des Chefs die bessere Wahl ist – warum hat er sich dann nicht auf ihn festgelegt? Offenbar hat er *dich* auf der Rechnung! Was, wenn diese Konkurrenzsituation als Test gedacht ist? Als Test, ob du dich durchsetzen kannst, auch gegen einen selbstbewussten Mann?‹«

Über eine Woche rang Claudia Tappert mit sich. Dann war ihr klar: Sie wollte sich auf den Konkurrenzkampf einlassen. Nicht auf eine Schlammschlacht, sondern auf einen fairen Wettbewerb. Das sagte sie auch ihrem Kollegen Guido. Der schaute finster und knurrte: »Überleg dir genau, was du tust!«

Noch am selben Tag begann Guido Borchert, die Dinge in seinem Sinne zu manipulieren. Man sah ihn plötzlich an Schreibtischen lehnen, wo er sich nie zuvor hatte blicken lassen, mit Leuten in die Kantine gehen, die er vorher kaum kannte. Er schüttelte beim morgendlichen Grüßen Hände, jonglierte am ersten heißen Tag des Jahres ein Tablett mit Eisbechern ins Büro und schlug die Werbetrommel für seine Pläne – unter ihm als Chef sollte alles besser werden: die Ausstattung der Arbeitsplätze, die Höhe der Gehälter, die Zahl der Planstellen.

Gleichzeitig umgarnte er den Vorgesetzten mit honigsüßen Small-Talk-Fäden und lachte über dessen Scherze bei Meetings so laut, als wären sie wirklich zum Lachen gewesen. Und jeden Vorgang, dessen Wichtigkeit über die des Leckens einer Briefmarke hinausging, stimmte er in bester Kronprinz-Manier mit dem König ab – was diesem, der ein geborener »Herr von Wichtig« war, sichtlich zu gefallen schien.

Im Großraumbüro des Rückversicherers war ein Wahlkampf wie in der Politik ausgebrochen: mit dröhnenden Reden und Wahlversprechen, mit taktischem Geplänkel und teuflischen Intrigen. Das Problem war nur: Eine Partei klebte Plakate und sendete ihre Werbespots, nämlich Guido Borchert – während die andere Partei, Claudia Tappert, den Startschuss verpasst hatte.

Was seine Methoden anging, griff Kollege Guido tief in die Barschel-Kiste: In der Kantine tönte er (so wurde Claudia Tappert zugetragen): »Sie ist zwar eine gute Juristin. Aber vom Führen hat sie keine Ahnung. Habt ihr euch mal überlegt, wie sich das auf den hausinternen Einfluss unserer Abteilung auswirkt? Am Ende fallen Arbeitsplätze weg!« Kurz darauf wurde Claudia von einer Kollegin mit tränenerstickter Stimme gefragt: »Warum erzählst du überall herum, ich sei nur mittelmäßig begabt?« Sie fiel aus allen Wolken und wollte wissen, wer diese Lüge verbreitet habe. Keine Antwort. Doch sie wusste Bescheid!

In der Karriereberatung wollte Tappert eine Strategie für ihren »Wahlkampf« entwickeln: Wie konnte sie es schaffen, das Blatt zu ihrem Vorteil zu wenden, ohne dabei auf dasselbe Niveau wie ihr Kollege abzustürzen? War es sinnvoll, mit den Kollegen Einzelgespräche zu führen? *(Ja, unbedingt, nur so konnte sie Truppen hinter sich versammeln.)* Musste sie die Teamrunde wissen lassen, dass Guido falsche Behauptungen über sie aufstellte? *(Nein, das galt es in den Einzelgesprächen zu klären, denn auch wer Schmutz zurückwirft, macht sich die Hände schmutzig.)* Und empfahl es sich für sie, öfter den Kontakt zu ihrem Vorgesetzten zu suchten? *(Ja, denn ihr Ansehen beim Chef – wie das Wort »An-Sehen« schon sagt – hing nicht zuletzt davon ab, wie oft sie sich bei ihm sehen ließ und für Hochdruck sorgte.)*

Aber warum überhaupt dieses Buhlen um die Gunst der Kollegen? Schließlich herrschen in den Firmen noch diktatorische Zustände: Nicht das Mitarbeitervolk bestimmt seine »Regierung« – das ist reine Chefsache. Aber woran orientiert sich ein Chef, ehe er jemanden befördert? Er fragt sich: »Wie liefe der Laden unter ihm (oder ihr) als Führungskraft?«

Mit Mitarbeitern und ihrem direkten Vorgesetzten verhält es sich wie mit einem Fußballteam und seinem Trainer: Der

Coach, sprich Chef, steht nur am Spielfeldrand. Er kann die Mannschaft aufstellen, trainieren und anfeuern. Aber die Tore schießen, also gute Arbeit im Alltag verrichten, müssen die Mitarbeiter alleine. Darum ist es so wichtig, dass ein Team *für* seinen Trainer spielt – und nicht *gegen* ihn. Diese Prognose gibt bei der Beförderung oft den Ausschlag.

Wer als Kollege den Sprung auf den Chefsessel schaffen möchte, braucht zweierlei: einen guten Draht zu seinem potenziellen Beförderer. Und eine Hausmacht unter seinen Kollegen. Genau darum kämpfen Beförderungskandidaten. Die Auswüchse gleichen denen des politischen Wahlkampfs: Jeder erklärt seine Vorschläge für genial, nur weil es die seinen sind, und die des Konkurrenten für dumm, nur weil sie von diesem stammen (meist unterscheiden sich die Ideen nur in Nuancen!). Überhaupt ist die Propaganda vor allem darauf aus, den Gegner als Schreckgespenst an die Wand zu malen (»Freiheit statt Sozialismus!«).

Die ganze Abteilung kann in einen solchen Kleinkrieg hineingezogen werden, bis das Klima frostig wie am Nordpol ist und ein tiefer Riss durch die Reihen der Kollegen geht: Auf der einen Seite des Schützengrabens stehen die Truppen des ersten Kandidaten, auf der anderen Seite die des zweiten. Gegenseitig knüppeln sie aufeinander ein, keifen und lästern, bis das Büro einem Schlachtfeld gleicht.

Je nachdem, wer den Beförderungskampf gewinnt, marschieren die einen Kollegen dann als strahlende Sieger ein, werden von ihrem Kriegsherrn mit Pöstchen und mit spannenden Aufgaben belohnt. Und die Verlierer haben sich zu ducken, denn Politik ist »die Kunst, einem anderen so lange auf den Zehen zu stehen, bis dieser sich entschuldigt«, so der

französische Staatsmann Charles Maurice de Talleyrand-Périgord. Die Unterlegenen ducken sich aber nur zähneknirschend – und lauern auf Rache.
Ob Claudia Tappert es noch geschafft hat, Guido Borchert aufzuhalten? Ihr Wahlkampf geht in die heiße Phase. Und sie schlägt sich wacker.

Ein Diebstahl im Schaufenster

Stellen Sie sich vor, morgen steigt ein fremder Mensch in Ihr Auto, dreht den Zündschlüssel um und gibt Gas. An der nächsten Ampel holen Sie ihn ein. Da lässt er cool die Scheibe runter und sagt: »Was faseln Sie da? *Ihr* Auto? Das ist *meines!*«
Um solche Situationen zu vermeiden, hat der Gesetzgeber den Fahrzeugbrief vorgeschrieben. Im Zweifel kann man dort nachlesen, wem ein Auto gehört. Aber warum ist noch niemandem eingefallen, einen *Ideenbrief* einzuführen? Ein Dokument, mit dem sich klipp und klar unterscheiden lässt, wer der Urheber einer Idee ist und wer nur der Dieb.
Kaum ein Vorgang erhitzt die Gemüter der Kollegen so sehr, wie wenn ihnen geistiges Eigentum entrissen wird und dann, mit einem anderen Namen etikettiert, den Durchmarsch in die Ruhmeshalle schafft. Da hat jemand eine vage Idee, wie sich ein Produkt verbessern, ein Ablauf vereinfachen, ein Werbeslogan formulieren oder eine Grafik gestalten ließe. Irgendeine Idee, von der er zunächst nicht weiß: Taugt sie etwas? Oder ist sie nur ein Hirngespinst?
Da der Mensch ein soziales Wesen ist, tauscht er sich in solchen Fällen mit Kollegen aus. So war es auch bei Gunda

Schuhmacher (24), die als Einzelhandelskauffrau in der Kleinstadt-Boutique einer bekannten Modekette arbeitet. Zusammen mit ihrer Kollegin Katja Bär (53) kniet sie in der Auslage des Schaufensters und streut zwischen den Modepuppen bunte Herbstblätter aus, als ein Geistesblitz durch ihren Kopf zuckt: »Wollen wir nicht mal mit der Lokalzeitung sprechen, ob die Lust haben, die schönste Schaufensterdekoration der Stadt zu küren? Ich glaube, wir hätten da gute Chancen!«

Katja Bär, die gerade noch mit Blättern raschelte, verstummt einen Moment. Dann sagt sie streng: »Glaubst du wirklich, die Zeitung hat über nichts Besseres zu berichten?« Stimmt, vielleicht war es doch keine gute Idee. Gunda Schuhmacher schmückt weiter das Schaufenster und begräbt ihren Gedanken.

Eine Woche später, beim morgendlichen Meeting, verkündet der eigens angereiste Regionalleiter feierlich: »Heute möchte ich ein besonderes Lob aussprechen – an Frau Bär! Sie hat eine Idee entwickelt, die in unserer Zentrale auf Begeisterung stößt: Es geht um eine Kooperation mit den Lokalzeitungen, und zwar ...«

Während der Regionalleiter schwärmt, wie viele neue Kunden sich auf diese Weise gewinnen ließen, wie viel Werbegeld man sparen könnte und, vor allem, warum die Firma viel mehr Mitarbeiter wie Frau Bär bräuchte – derweil übt Gunda Schuhmacher sich in einer Disziplin, die leider nicht zum gewünschten Erfolg führt: dem Töten mit Blicken!

Doch ihre Kollegin Katja Bär, die zur Feier des Tages ihr bestes Kleid trägt, ist die Königin des Morgens; sie schwebt mit einem Siegerlächeln über den Dingen. Was soll Gunda

Schuhmacher tun? Die feierliche Runde sprengen, indem sie ruft: »Aber das ist doch meine Idee!« Gälte sie dann nicht als neidische Spielverderberin? Und wer würde ihr glauben? Dem Gespräch zwischen ihr und der Kollegin haben nur die Schaufensterpuppen gelauscht, sonst niemand.

Natürlich wird sie der Kollegin unter vier Augen zuzischen, was sie von ihr hält. Und diese wird reagieren wie der Autodieb: »Was faselst du da? *Deine* Idee? Es ist *meine!*« Außerdem sind der Ruhm und die fette Prämie bereits auf Katja Bärs Konto geflossen. Scheinbar Beweis genug.

Die Tricks der Ideendiebe

Von Autoknackern ist bekannt, mit welchen Tricks sie Schlösser gefügig machen und Zündkabel zum Funken bringen. Aber wie gehen eigentlich Ideendiebe vor? Nur wer weiß, mit welchen Tricks sie arbeiten, kann sich dagegen schützen. Hier die drei beliebtesten Maschen der Ideendiebe unter den Kollegen:

1. Das Auto umlackieren

Der Anruf kam von einer Leserin meines Buches *Geheime Tricks für mehr Gehalt:* »Herr Wehrle, wissen Sie eigentlich, dass jemand bei Ihnen wie ein Schuljunge abgeschrieben hat?« Der »Schuljunge« war ein Autorenkollege. In einem Wiener Verlag hatte er ein Buch veröffentlicht, ebenfalls zum Thema Gehaltsverhandlung.

Konnte ein Kollege so dreist sein, mich vor den Augen der Öffentlichkeit zu bestehlen? In der nächsten Buchhandlung blätterte ich nach. Unglaublich! Zeile für Zeile las ich Gedanken, die ich selbst entwickelt, und Worte, die ich selbst gewählt hatte – unter *seinem* Namen! Doch der Dieb hielt sich für ein Schweinchen Schlau: An den meisten Stellen hatte er meine Formulierungen um eine Winzigkeit verändert. Wäre es nicht so traurig gewesen, hätte ich darüber lachen können.

In meinem Buch heißt es: »Gute Selbstverkäufer backen aus jedem Leistungskrümel eine Sahnetorte und fahren Anerkennung ein. Bescheidene Mitarbeiter dagegen fassen ihre scheinbare Alltagsarbeit als selbstverständlich auf – und erwähnen sie gar nicht oder nur im Tonfall ›Habe ich zwar gemacht, aber war ja nichts Besonderes ...‹«

Und er schrieb (Wortgleichheiten kursiv): »Während manche *Selbstdarsteller aus jedem Krümel* ihres Schaffens eine Sacher*torte* backen, um sie sofort dem Chef zu präsentieren, *fassen bescheidene Mitarbeiter* ihre Leistung eher *als Selbstverständlichkeit auf und erwähnen sie gar nicht*. Werden sie dann darauf angesprochen, sagen sie: ›Kein Problem, Chef, das war doch *nichts Besonderes*.‹«

»Sachertorte« war wohl eine Referenz an seinen Wiener Verlag!

Viele Ideendiebe machen es wie er: Sie besprenkeln das geklaute Auto mit ein paar winzigen Tupfern eigener Farbe – und schon meinen sie, es als ihr Eigentum ausgeben zu können. Zum Beispiel hätte Katja Bär die geklaute Idee, mit der Lokalzeitung zu kooperieren, als Kooperation mit dem lokalen Radiosender tarnen können. Damit kommen die Diebe durch, wenn kein Zeuge die Originalfarbe kennt.

Mein dreister Autorenkollege hatte Pech: Sein Buch wurde eingestampft, sein Sparstrumpf um eine Entschädigung er-

leichtert. Mein gedrucktes Buch, vier Jahre vor seinem erschienen, war der »Ideenbrief«; es wies mich als Eigentümer der Gedanken aus.
Daraus folgt: Machen Sie Ihre Ideen so früh wie möglich publik (wie ich durch mein Buch)! Und fixieren Sie Ihre besten Einfälle schriftlich, möglichst mit Datum. Der sicherste Weg, zum Beispiel für Erfinder vor Anmeldung ihres Patents: Sie halten ihre Idee in einem versiegelten Brief fest, den sie an sich selbst per Einschreiben schicken und an einem sicheren Ort verwahren.

2. Das Gras der Zeit wachsen lassen

So manche Idee wird nicht nur von der Welt, sondern auch von ihrem Urheber verkannt. Zum Beispiel denken Sie vor einem Kollegen laut darüber nach, wie sich ein Produktionsschritt einsparen ließe. Eine beiläufige Bemerkung, die Sie bald wieder vergessen. Im Gegensatz zu Ihrem Kollegen!
Heimlich schnappt er sich den Knochen Ihrer Idee, schleppt ihn beiseite, lässt das Gras der Zeit so hoch wachsen, bis er sich sicher fühlt, und eilt schwanzwedelnd in Richtung Chefetage, um seinem Herrchen den Knochen vor die Füße zu legen – natürlich als eigene Idee. Braves Arbeitstier, dafür gibt es einen Prämienkuchen!
Und was ist mit Ihnen, dem Urheber? Wissen Sie überhaupt noch, was Sie da vor zwei Monaten angeschnitten haben? Außerdem kann es sein, dass die Idee ihre Ehrenrunde bereits unter dem Namen ihres Chefs dreht (der sie seinem treuen Hund entrissen hat, womit der Dieb seinerseits bestohlen wurde). Haben Sie Ihrem Chef davon erzählt? Nein. Also scheint Ihnen das Ganze wie ein Zufall.

Daraus folgt: Wenn Ihnen eine Idee kommt, die nur ein Milligramm Potenzial hat, dann beißen Sie sich auf die Zunge! Denken Sie besser leise als laut, erst recht, wenn Sie mit einem wenig vertrauenswürdigen Kollegen allein sprechen. Prüfen Sie, was in der Idee steckt und wie Sie sich die Urheberschaft sichern können. Gegenüber Gruppen dürfen Sie *etwas* freizügiger sein: Dann haben Sie Zeugen, dass die Idee von Ihnen stammt (aber beachten Sie den nächsten Hinweis!).

3. Den zweiten Elternteil spielen

Wenn Ihnen jemand »die Worte von den Lippen liest«, dann nicht selten, weil er sich als zweiten Elternteil Ihrer Idee profilieren möchte. Dieses Spiel wird mit Vorliebe bei Meetings betrieben: Ein Kollege, nennen wir ihn »Kopernikus«, äußert eine geniale Idee. Zum Beispiel, dass die Erde eine Kugel sei, was bis dahin noch keiner weiß. Und ein anderer, nennen wir ihn »Schmarotzer«, klinkt sich sofort ein und sagt: »Ganz mein Reden! Und damit haben *wir* bewiesen: Die Erde ist *keine* Scheibe.«

Bemerken Sie den Trick? Der Schmarotzer erfindet nichts Neues; er fügt, nachdem A, B und C im Raum stehen, lediglich das D hinzu. Aber das reicht aus, dass er künftig meint, sagen zu können: »Wie ich und Herr Kopernikus« – man beachte die Reihenfolge – »ja nachgewiesen haben, handelt es sich bei der Erde ...«

Der Erfolg des Schmarotzers beruht auf der Tatsache, dass eine Idee in der Geschäftswelt nicht dem angerechnet wird, der sie hatte, sondern dem, der sie öffentlich verbreitet. Der Schmarotzer versteht es, seinen Namenszug wie eine

Schlingpflanze um die Idee zu winden – bis das »Wir« zum »Ich« mutiert und die Idee ihrem Urheber gänzlich entrissen ist.

Warum Ideendiebe von nichts anderem als der gestohlenen Idee reden? Der Staatstheoretiker Charles-Louis de Montesquieu hatte da einen Verdacht: »Tritt eine Idee in einen hohlen Kopf, so füllt sie ihn völlig aus – weil keine andere da ist, die ihr den Rang streitig machen könnte.«

Daraus folgt: Es kommt auf eine blitzschnelle Reaktion an! Sobald Sie merken, dass sich der Schmarotzer aufs Trittbrett Ihrer Idee hechten will, können Sie ihn verbal zurückstoßen: »Was Sie sagen, ergibt sich aus *meiner* Idee, es ist kein neuer Gedanke!« Nehmen Sie die Idee so oft wie möglich selbst in den Mund. Und gehen Sie energisch dazwischen, wenn der Schmarotzer sich mit Ihnen und der Idee durch das Wort »wir« verbrüdern will!

Das Pferderennen an der Wand

Gleich bei der ersten Sitzung des Jahres hob der Chef zu einer feierlichen Rede an: »Meine Damen und Herren, die Firma wird sich nicht lumpen lassen! Wer es im nächsten Jahr schafft, den höchsten Umsatz zu erzielen, darf in die Karibik fliegen.« Er legte eine Kunstpause ein. »Für zwei Wochen.« Längere Kunstpause. »Mit einer Begleitung seiner Wahl.« Ganz lange Kunstpause. »Vielleicht nehmen Sie ja mich mit!«

Die fünfzehn Außendienstmitarbeiter der Versicherungsniederlassung quälten sich ein Lächeln auf die Gesichter. Dabei kannten sie die Zeremonie und wussten, was ihr Chef anstiftete: ein gnadenloses Wettrennen. Und das im wahrsten Sinne des Wortes, denn auf einem riesigen A1-Karton über seinem Schreibtisch hatte er mit Reißzwecken die Namen aller Außendienstler angepinnt, von links (der Startlinie) nach rechts (dem Ziel). Die Reihenfolge orientierte sich am Umsatz des letzten Jahres.

Es sah nach einem Galopprennen aus! Ganz vorne lag Otto Kleinert (56), dessen Name mit einem roten Fähnchen versehen war, an seinen Fersen klebte Steffi Ebbinghaus (32). Es folgte ein breites Mittelfeld. Und ganz hinten, fast an der Startlinie, hing Udo Beier (46) fest, der einen großen Teil des Jahres schwer krank gewesen war.

Mit der ausholenden Armbewegung eines Stadtführers lenkte der Chef alle Blicke zur Renntafel: »Meine Damen und Herren, Sie haben jeden Monat die Chance, Ihre Position aus dem letzten Jahr zu verteidigen, falls Sie hervorragend waren« (er nickte Otto Kleinert und Steffi Ebbinghaus anerkennend zu). »Sie können Ihre Position ausbauen, wenn Sie *nur* gut waren« (sein Blick streifte sechs, sieben andere Gesichter). »Und Sie können sich aus dem Leistungstief nach oben arbeiten, wenn Sie nicht viel zustande gebracht haben.« Sein strenger Blick tastete sich über den Rest der Truppe und ruhte am Ende auf Udo Beier, dessen Haar noch immer dünn von einer Chemotherapie war.

Und so begann das neue Jahr, wie das alte aufgehört hatte: mit einem Kampf um Umsatz. Auf den ersten Blick konnte bald jeder, der das Chefbüro betrat, die rasanten Pferde des neuen Jahres von den lahmenden Gäulen unterscheiden. Otto Kleinert und Steffi Ebbinghaus eilten ihren Kollegen wieder davon.

Was machte die Schnellen so schnell? Längst hatte sich der Trick unter den Kollegen herumgesprochen: Von jedem Kunden, der zum Beispiel nur ein Auto versichern wollte, ließen sich die Starverkäufer seine anderen Versicherungsverträge zeigen. Dann riefen sie, so laut und entsetzt wie möglich: »Um Gottes willen, wer hat Ihnen denn diese Versicherung verkauft! Da haben wir ein viel besseres Produkt, und zwar …«

Die Kunden ließen sich überreden, ihre scheinbar ungünstigen Verträge zu kündigen. Und in diese selbstgerissene Lücke stießen die »Stars« mit ihren eigenen Produkten. Dem Kunden war nicht klar, dass es zwischen der alten und der neuen Versicherung oft nur einen winzigen Unterschied gab: den Namen des Anbieters.

Die Starverkäufer hatten nicht den Nutzen des Kunden im Blick, nur den Umsatz, die Provision und die Rennliste. Dafür drehten sie die krummsten Dinger, zum Beispiel ersetzten sie langjährige Lebensversicherungen durch neue Abschlüsse. Die Kunden machten herbe Verluste, ohne es sofort zu merken.

Jeder der Kollegen wusste von diesen Praktiken. Und nicht alle fanden sie gut. Udo Beier, der als Krebspatient viel nachgedacht hatte, nahm einen Kollegen und eine Kollegin zur Seite: »Wir sollten vom Chef einen internen Ehrenkodex fordern – einen Kodex, der genau festlegt, welches Vorgehen statthaft ist und welches nicht. Denn im Moment ist es doch so: Je krimineller einer verkauft, desto weiter vorne steht er.«

Seine Kollegin, die auf der Liste knapp vor ihm lag, pustete die Wangen auf: »Moment, Moment! Willst du mir unterstellen, dass ich unanständiger als du verkaufe?«

»Aber nein, ich ...«
Der andere Kollege schaltete sich ein: »Unverschämtheit! Nur weil du ganz hinten liegst, fährst du uns an den Karren!«
»Nein, euch meine ich doch gar nicht. Außerdem wisst ihr doch, dass ich krank war. Mein Ergebnis gehört doch gar nicht in diese Liste.«
»Und wo standst du vorletztes Jahr?«, giftete die Kollegin.
»Auf dem viertletzten Rang, wenn ich mich recht erinnere. Da warst du noch nicht krank.«
Der andere Kollege korrigierte: »Nein, Fünftletzter! Das weiß ich noch, Udo, weil ich drei Ränge vor dir lag – obwohl ich in diesem Jahr durch meine Scheidung wenig Zeit für Hausbesuche hatte.« Er klang stolz.
Udo Beier schüttelte den Kopf. Konnte das wahr sein? Das Motivationsgift des Chefs, so durchschaubar es war, hatte seine Wirkung dennoch getan! Dieselben Menschen, die sich die Geburtstage ihrer Kollegen nie merken konnten, dieselben, die ihren eigenen Hochzeitstag verschwitzten – diese Menschen behielten über Jahre im Kopf, an welcher Stelle sie an der Wand des Chefs ins Ziel galoppiert waren.
Hatte der Niederlassungsleiter sie zu diesem Verhalten konditioniert? Oder gab er ihnen nur, wonach sie ohnehin lechzten: die Möglichkeit, sich mit anderen zu messen? Waren die Kollegen wie Kinder, die auf dem Schulhof rangeln? Wie Gorillas, die brusttrommelnd ihre Hierarchie auskämpfen? Sehnten sie sich nach einem Überlebenskampf wie in der Frühzeit, als man noch in der Höhle hauste, die Keule schwang und dem Schwächeren seinen Schädel zertrümmerte?

Klar war: Bei dieser Versicherung gab es keine Kollegen, nur Konkurrenten. Das Misstrauen verstellte den Blick auf die gemeinsamen Interessen. Dabei wäre es klug gewesen, an einem Strang zu ziehen: den Chef zu einem menschlicheren Führungsstil zu bewegen, das Wissen untereinander auszutauschen, die kriminellen Verkaufsmethoden zu eliminieren.

Doch jeder dachte nur an sich, verteidigte seinen Rang, hortete Wissen, ließ sich nicht in die Karten schauen. Wer seinen Kollegen eine fachliche Frage stellte, erntete Schulterzucken. Wer Tipps fürs Verkaufsgespräch wollte, wurde angeglotzt wie ein Industriespion. Und wer es gar wagte, Zweifel an den Verkaufsmethoden zu äußern, bekam den Stempel »Nestbeschmutzer« auf die Stirn gedrückt.

Wie Udo Beier. Am Jahresende hatte er genug und machte sich als unabhängiger Finanzberater selbständig.

Bewerber im Haifischbecken

Es gibt viele Wege, sich Feinde zu machen, der schnellste ist: Bewerben Sie sich in einer neuen Firma um einen Chefsessel! Zunächst sieht es aus, als wären Sie höchst willkommen: Die Firma lädt Sie zu Vorstellungsgesprächen ein, verspricht Ihnen das Blaue vom Himmel und legt fünfzehn Prozent auf Ihr altes Gehalt.

Aber warum umwirbt man Sie? Warum hat die Firma viel Geld für eine Anzeige ausgegeben? Aus welchem Grund opfern Führungskräfte so viel Zeit für das Einstellungsverfahren? Offenbar gibt es in der Firma ein so großes Problem, dass man den vorhandenen Mitarbeitern nicht zutraut, es zu

bewältigen. Der Problemlöser, ja der Erlöser, muss von außen kommen!
Aber glauben Sie bloß nicht, keiner Ihrer künftigen Kollegen hätte sich für die Vakanz interessiert. Sobald eine Führungskraft ins Straucheln gerät, wird ihr Stuhl umkreist wie von hungrigen Haien. Jeder spekuliert darauf, seinen Aufstiegshunger bald durch eine fette Beute stillen zu können.
In dieser Situation tun die Kollegen alles, um ihr Revier mit scharfen Zähnen zu verteidigen. Kommt ihnen ein Konkurrent zu nahe, beißen sie gnadenlos zu. Nie wird mehr gelästert, manipuliert und intrigiert, als wenn die Witterung eines vakanten Traumjobs die Büros und Flure durchströmt.
Aber dann passiert die Katastrophe! Der Oberboss verkündet: »Wir besetzen die Stelle mit einem *neuen* Kollegen.« Die Eingesessenen werten das als Ohrfeige: Offenbar spricht der Oberboss ihnen das Format ab, die Vakanz auszufüllen. Er scheint sie für einen Haufen unfähiger Trottel, für hierarchische Hinterbänkler zu halten!
Plötzlich beißen sich die Haie nicht mehr gegenseitig, sondern lecken ihre Wunden. Gemeinsam lassen sie sich über die Ungerechtigkeit ihres Oberchefs aus. Ist er denn blind? Da wimmelt es in seinem Becken von High (bzw. Hai) Potentials – und was tut er? Verschmäht sie alle! Setzt ihnen einen Typen von außerhalb vor die Nase. Einen, der angeblich alles kann, wozu sie zu blöd scheinen. Das wollen wir mal sehen!
Und nun – nichts ahnend – kommen Sie ins Spiel. Haben sich um den Posten beworben und treten Ihren ersten Arbeitstag an. Ungeschützt spazieren Sie in dieses Haifischbe-

cken und geben die Losung aus: »Wir ziehen alle an einem Strang!«

Zwei Haifischarten lauern auf Sie: Ihre neuen Mitarbeiter, von denen Sie einigen den Lebenstraum vom Chefsessel zerstört haben; und Ihre neuen Chef-Kollegen, deren Welt nur aus zwei Gedanken besteht: wie sie ihre nächste Beförderung erreichen und wer ihnen dabei in den Weg kommen könnte – natürlich Sie, der »Erlöser« von außen!

Keine Angst, die Haie werden Sie nicht gleich zerfetzen (weil sonst der Oberboss dasselbe mit ihnen täte!) – sie setzen ihre Zähne wie Nadelspitzen ein. Wenn Sie vorschlagen, wie sich ein Problem lösen ließe, heißt es: »Keine schlechte Idee. Aber die hat Ihr Vorgänger auch schon probiert. Sie wissen ja, mit welchem Erfolg.« Das sagen die Kollegen vor allem dann, wenn Ihre Idee wirklich gut ist!

Die größte Gefahr für Ihr Überleben? Sie sind ein Zugereister im Land der neuen Firma, kennen die heimlichen Spielregeln nicht, haben keine Landkarte zur Orientierung und auch keine Verbündeten. Was die Infusion für den Patienten im Dauerkoma ist, das sind Ihre Mitarbeiter und Kollegen für Sie: die einzige Überlebenschance.

Als Außenstehender können Sie einfach nicht wissen, hinter welcher der fünfhundert Bürotüren eine Information schlummert, die Sie in Windeseile brauchen. Sie können nicht wissen, ob der Terminvorschlag von Frau Schleier aus der Produktion realistisch ist, auch wenn Sie später die Verantwortung dafür übernehmen müssen. Und Sie haben keine Ahnung, dass Herr Klinkert aus der Nachbarabteilung, dessen Fehler Sie zur Weißglut treiben, nicht nur der Trottel vom Dienst, sondern auch der Schwager des Geschäftsführers ist – und Sie ihn besser nicht zur Schnecke machen sollten!

All das erfahren Sie nicht. Vielmehr locken die Haie Sie in die Falle: Sie weisen Sie auf Fehler von Herrn Klinkert hin (»Höchste Zeit, dass dem mal einer seine Grenzen zeigt!«). Sie reden Ihnen ein, die Terminzusagen von Frau Schleier seien so zuverlässig wie die 20-Uhr-Nachrichten. Und am Ende setzen sie Ihnen womöglich auch noch den Floh ins Ohr, der oberste Chef würde Führungskräfte schätzen, die sein Strategiemeeting auch mal zugunsten der Alltagsarbeit ausfallen lassen – selbst wenn er bei jeder fristlosen Entlassung das exakte Gegenteil über die Flure brüllt!

Und so springen Sie von einem Fettnäpfchen ins andere und werden von den Haien immer enger umkreist. Der Flurfunk reißt Ihr Image in den Abgrund.

Was können Sie tun? Zum Oberboss rennen und sich beschweren? Keine gute Idee, er würde sagen: »Offenbar haben Sie Ihre Leute nicht im Griff!« Nur wenn es Ihnen gelingt, die Haie zu bändigen, können Sie Ihre Haut retten. Das gelingt zum Beispiel, wenn Sie Ihre Mitarbeiter in wichtige Aufgaben einbinden und so in die Verantwortung nehmen.

4 Wenn der Teamgeist spukt

Sitzen alle Kollegen in einem Boot? Kann schon sein. Aber sie rudern nie in eine Richtung! Der Teamgeist erweist sich als fauler Spuk, und jeder kämpft gegen jeden. In diesem Kapitel lesen Sie …
- wie ein neuer Projektleiter es sich mit seinen Duzfreunden, die keine sein wollen, in Windeseile verscherzt;
- warum Abteilungen nicht miteinander, sondern stets gegeneinander arbeiten;
- weshalb die T(eam)-Aktie so oft abstürzt
- und warum »Großraumbüro« dasselbe heißt wie: »ein Käfig voller Narren«.

Die Bewährungsstrafe

Es dauerte ganze zwei Wochen, bis Gregor Weber (28) als neuer Projektleiter bei einem Energiekonzern mit beiden Füßen ins Fettnäpfchen sprang. Dabei meinte er es gut, als er im morgendlichen Meeting sagte: »Ich bin zwar neu hier, aber trotzdem würde ich gern ein paar Dinge ansprechen.« Die Kollegen sahen ihn neugierig an. »Also, ich möchte erst mal festhalten, dass Sie nette Kollegen sind. Ein wenig zurückhaltend, aber nett.« Er blickte erwartungsvoll in die Runde, doch niemand dankte für sein Kompliment.
Unbeirrt fuhr er fort: »Außerdem möchte ich ein paar Vor-

schläge machen, was wir von meinem alten Arbeitgeber übernehmen können, um Abläufe zu verbessern.« Ein paar Kollegen kniffen die Augen zusammen, als würden sie gegen die tiefstehende Sonne blicken.

Mit der Selbstgewissheit eines Physiklehrers, der Fünftklässlern die Schwerkraft erklärt, ratterte Weber ein knappes Dutzend Vorschläge runter. Zum Beispiel forderte er ein neues Projekttool (»Da waren wir in meiner alten Firma schon ein Stück weiter ...«), eine Ablage der Gesprächsnotizen im Intranet (»Damit eine Hand weiß, was die andere tut ...«), jeden Montag eine gemeinsame Abstimmung der wöchentlichen Arbeit (»Das dient der Struktur, damit waren wir in meiner alten Firma sehr erfolgreich.«) und »eine etwas ambitioniertere Terminplanung«.

Am Ende seines kleinen Referats senkte er verschwörerisch die Stimme: »Außerdem ist mir aufgefallen: Hier siezen sich viele. Ich finde das, ehrlich gesagt, ein wenig steif; ›du‹ klingt doch viel besser. Ich bin der Gregor!«

Gönnerhaft blickte er in die Runde. Doch die Runde blickte nicht zurück. Sein Angebot hing wie eine ausgestreckte Hand im Raum, aber keiner schlug ein. Die Kollegen gingen zu einem anderen Thema über. Als hätte Gregor Weber nicht mit der Runde, nur mit sich selbst gesprochen.

Was hatten die Kollegen bloß? War es denn so falsch, ein paar Verbesserungsvorschläge zu machen? Und weshalb machten alle auf beleidigt, nur weil er ihnen das »Du« angeboten hatte? Es war als freundliche Geste gemeint – aber offenbar kam es an, als hätte sein Kammerdiener Prinz Charles gefragt: »Darf ich ›Charly‹ sagen?«

Täuschen Sie sich nicht: Was wie ein unkomplizierter Haufen erscheint, die Gemeinschaft der Kollegen, ist ein höchst kompliziertes Gebilde. Ein Gebilde, in dem es Gesetze gibt, die nirgendwo geschrieben stehen, und heimliche Hierarchien, die jeder zu beachten hat. Wer neu in eine Firma kommt, spaziert in ein Minenfeld. Er soll sich nach Spielregeln richten, die er noch nicht beherrscht.

Das ist so, als würde ein deutscher Autofahrer über Nacht in den Feierabendverkehr von Tokio geworfen, ohne auch nur ein Straßenschild zu kennen. Wer hat hier Vorfahrt? Im Zweifel wird der Autofahrer sein bewährtes »rechts vor links« probieren. Genau so macht es der neue Kollege: Er nimmt an, dass bei seinem neuen Arbeitgeber ähnliche Gesetze gelten wie bei seinem alten. Die Folge sind heftige Zusammenstöße.

Gregor Weber kam aus einer jungen Energiefirma in Leipzig, wo jeder sagen konnte, was er dachte, und duzen konnte, wen er wollte. Die Firma hatte ein Vorschlagswesen wie Toyota aufgebaut: Jeder Mitarbeiter sollte eine Idee pro Woche einbringen. Je kritischer, desto besser! Also warfen sich die Kollegen ihre Gedanken wie Bälle zu. Jeder konnte selbst entscheiden, was er daraus machte. Niemand war deshalb beleidigt.

Aus dieser Kultur der Offenheit war Weber in einen Traditionskonzern im Ruhrgebiet eingebogen. Ein Konzern, in dem die Kollegen im Schnitt fünfzehn Jahre brauchten, ehe sie sich beim Vornamen nannten (zur Vorsicht immer noch in Kombination mit einem »Sie«!), und wo es an den Tatbestand der Beleidigung grenzte, wenn man einem dienstälteren Mitarbeiter eine Verbesserung vorschlug. Vom »Du« ganz zu schweigen!

Darf es da wundern, dass Gregor Weber durch seinen morgendlichen Auftritt bei allen unten durch war? Dass man ihn danach für einen dreisten Besserwisser, für einen manierenlosen Duzer hielt? Und dass er dieses Image in den nächsten zwanzig Jahren kaum mehr hätte abschütteln können?

Man sollte einmal die Stoppuhr drücken, wie lange es dauert, bis es sich ein neuer Kollege mit allen verscherzt hat. Schon die Begrüßungsrunde durchs Haus kann in der Schublade eines Klischees enden. Wer im feinen Zwirn aufkreuzt (Verkehrsregel der alten Firma!), aber auf lauter Jeansträger trifft (Verkehrsregel der neuen Firma!), wird schnell als »feiner Pinkel« verspottet. Wer mit loser Zunge unter Zurückhaltenden auftritt, als Bücherwurm unter Computerfreaks, als Grübler unter Optimisten, der gilt als »merkwürdiger Vogel« – nur weil er von Gepflogenheiten abweicht, die er noch gar nicht kennen kann.

Aber trifft den neuen Mitarbeiter nicht auch eine Schuld? Hätte Gregor Weber nicht darauf achten müssen, wie sich die Kollegen in seiner neuen Firma verhalten – so wie man in Tokio schauen würde, bei welchen Verkehrszeichen die Autos bremsen oder Gas geben? Hätte ihm nicht klar sein müssen, dass jede Neuerung, die er vorschlug, als Angriff auf das Bestehende gewertet würde? Und ob!

Die Kollegen hatten sich dafür entschieden, die Projekte in einer bestimmten Weise abzuwickeln, sich gegenseitig nicht mit Vorschlägen ins Handwerk zu pfuschen und das »Du« erst nach vielen Jahren anzubieten. Doch er, der Neue, warf alle Regeln über den Haufen. Seine Meta-Botschaft lautete: »Ihr seid noch hinterm Mond daheim – in meiner alten Firma waren wir viel weiter!«

Mag seine Kritik auch den Kern getroffen haben (in dem uralten Energiekonzern waren die Lichter der Kreativität längst ausgegangen!): Weber hat schlicht übersehen, dass es in fast allen Firmen eine Hackordnung gibt, in der die Dienstältesten ganz oben und die Dienstjüngsten ganz unten stehen. Und wie Wasser vom Berg ins Tal fließt, nicht umgekehrt, so haben Lob und Vorschläge zunächst von den alten Mitarbeitern zum Neuling zu fließen, nicht umgekehrt!

Jeder neue Kollege muss zeigen, dass er die Straßenschilder erkennt, die Vorfahrt anderer achtet, sich unterordnet und anpasst. Erst wenn das geschehen ist, wenn er diese Verbeugung vor dem Bestehenden gemacht hat, nehmen ihn die Kollegen als vollwertiges Mitglied in ihre Gruppe auf. Dann hat er das Recht, sich mit – fein dosierten – Veränderungsvorschlägen einzubringen.

Bei Gregor Weber nahm die »Bewährung«, auch »Probezeit« genannt, kein gutes Ende: Er kam zwar nicht rein (in den Knast) – dafür flog er raus (aus der Firma). Die letzten Worte, die ihm sein Chef mit auf den Weg gab: »Sie passen einfach nicht in unser Team, Herr Weber!«

Krieg der Abteilungen

Wer sich Abteilungen vorstellt als Regimenter eines Heers, das gemeinsam in die Schlacht des Wettbewerbs zieht, unterliegt einem großen Irrtum. Nicht, weil das Sprachbild zu kriegerisch wäre; denn an den Märkten herrscht ein Hauen und Stechen, wie jede Fusion aufs Neue beweist. Und doch residiert der Lieblingsfeind nicht in einem anderen Firmen-

gebäude, sondern unterm eigenen Dach. Abteilungen arbeiten nicht miteinander – sie bekämpfen sich gegenseitig!
Hören Sie sich um in den Büros Ihrer Firma! Wo es Flüche hagelt, wo Ausdrücke wie »unfähig«, »nichts kapiert« oder »völlig uneinsichtig« durch die Luft schwirren, da ist entweder von Ihrem Chef die Rede – oder, kaum seltener, von den Kollegen einer anderen Abteilung. Der Feind steht im eigenen Firmenland!
Aber wie kommt es, dass die Kollegen der einzelnen Abteilungen sich gegenseitig lieber einen Strick drehen, als an einem Strang zu ziehen? Wie kommt es, dass die Solidarität spätestens mit dem Flur der eigenen Abteilung endet? Hier drei mögliche Erklärungen:

1. Ein äußerer Feind schweißt zusammen
Man kennt das ja aus Hollywood-Filmen: So zerstritten eine Dorfgemeinschaft auch sein mag, wenn plötzlich eine große Katastrophe über sie hereinbricht, ein Taifun oder ein Weltkrieg, halten alle zusammen. Der äußere Feind zieht so viel Energie auf sich, dass der innere Konflikt vergessen wird. Dieses Rezept funktioniert so gut, dass sich die Häuptlinge der Weltmächte alle paar Jahre berufen fühlen, einen »Schurkenstaat« unter den Rädern ihrer Panzer zu zermalmen – damit ihnen die eigenen Bürger zujubeln, statt sie für ihre Politik im eigenen Land zu kritisieren.
Kann man es den Abteilungsleitern verdenken, dass sie dieselben Mechanismen nutzen? Wer seine Mitarbeiter zu Überstunden knechten muss, gibt nicht freiwillig zu: »Sorry, ich war zu unfähig, meine Planstellen durchzusetzen!« Vielmehr schimpft er: »Unglaublich! Wir reißen uns in Stücke

und haben kaum Personal. Aber in der Nachbarabteilung legen alle die Füße hoch – und bekommen jetzt auch noch drei zusätzliche Planstellen.«

Können die Mitarbeiter dann noch wütend auf den Chef sein? Nein, sie schleudern die Blitze ein paar Türen weiter: ins Nachbarbüro. So lässt sich trefflich von eigenen Fehlern ablenken. Wann immer ein Projekt gegen die Wand fährt, ein Termin gebrochen wird, ein Kunde abspringt: Die Nachbarabteilung war's. Man selbst wäscht die Hände in Unschuld.

2. Die Interessen unterscheiden sich

Was Bussard und Maus unter freiem Himmel sind, sind einige Abteilungen unter dem Dach des Firmengebäudes: natürliche Feinde. Nehmen wir die Entwicklungsabteilung und den Vertrieb. Die eine Abteilung erfindet Produkte, die andere verkauft sie. In der Theorie klingt das nach einem Arbeiten Hand in Hand.

In der Praxis sieht es aber so aus, dass die Daniel Düsentriebs aus der Entwicklung jeden zweiten Tag ein neues Produkt aus dem Hut zaubern, von dem sie schwören: »Viel besser als sein Vorgänger!« Sie haben den Ehrgeiz, dass die Firma mit ihren Innovationen an der Spitze des Marktes reitet; deshalb wollen sie ständig die bewährten Produkte durch neue, angeblich bessere ersetzen.

Der Vertrieb aber hat in mühsamer Kleinarbeit das Vorgängerprodukt am Markt eingeführt. Die Außendienstler haben Klinken geputzt und ihren Kunden geschworen: »Eine tolle Innovation, da wird's über Jahre nichts Besseres geben.« Und jetzt sollen sie sich selbst in den Rücken fallen, das Produkt aus dem Verkehr ziehen und durch ein neues ersetzen?

Kämen die Kunden sich nicht zu Recht betrogen vor? Und wer würde den Vertretern noch ein Wort glauben, wenn sie demnächst erzählen: »Eine tolle Innovation, da wird es über Jahre nichts Besseres ...«

So schaukeln sich die Gemüter der Kollegen hoch. So kommt es zum großen Showdown, zum Beispiel in der Kantine, wo sich die Mitarbeiter der beiden Abteilungen so wüst in die Haare bekommen, dass schon der Mann vom Werksschutz herbeieilt. Bei solchen Verbalschlachten nehmen sie kein Blatt vor den Mund und bestätigen den Philosophen Arthur Schopenhauer: »Die Freunde nennen sich aufrichtig, die Feinde sind es.«

Kein Kollege der Abteilung A will begreifen, dass die Kollegen der Abteilung B dasselbe machen wie er: nur ihren Job! Vielmehr glaubt eine Abteilung von der anderen: »Die tun den ganzen Tag nichts anderes, als uns ins Handwerk zu pfuschen!«

3. Der Etat-Kuchen ist begrenzt

Wovon hängt es ab, ob eine Abteilung im Erdgeschoss sitzt, direkt vor den stinkenden Mülltonnen, oder im zehnten Stock, wo der Blick über die Dächer der Stadt schweift? Wovon hängt es ab, ob sie zusätzliche Planstellen bekommt oder ob welche gestrichen werden? Ob sie ein Wörtchen mitredet, wenn es um wichtige Entscheidungen geht, oder nur vor vollendete Tatsachen gestellt wird?

Das alles hängt davon ab, wie hoch die Abteilung beim Oberboss angesehen ist! Er verteilt Lob und Tadel, Etats und Beförderungen. So kommt es, dass sich die Abteilungsleiter beim Meeting mit dem Geschäftsführer wie kleine Geschwister vor dem Vater aufführen: Jeder will Papi imponieren! Man bläst die eigenen Leistungen auf, bis sie das Format eines Heißluftballons erreichen, und lässt aus den Leistungen der anderen Abteilungen die Luft wie aus einem Fahrradschlauch.

Dieses Verhalten überträgt sich von den Chefs auf ihre Mitarbeiter. Sie tun alles, faule Eier aus der eigenen Abteilung nach außen als Kaviar zu verkaufen – während sie in den Kollegen der Nachbarabteilung nur Eierköpfe sehen, die sich unter den Nagel reißen wollen, was ihnen nicht gebührt: Planstellen, Etats und vor allem das Lob des obersten Chefs.

Die abgestürzte T(eam)-Aktie

Die Physikerin Elli Wiener (37) verblüffte mich, als sie raschelnd die »Frankfurter Allgemeine« aufblätterte: Die Stellenangebote sahen aus, als hätten sie die Gelbsucht bekommen; mit einem Textmarker hatten sie alle Profile der ausgeschriebenen Stellen durchgearbeitet. Die Physikerin war auf der Suche nach einer Art Naturgesetz, nach der gefragtesten aller Qualifikationen.

Und welche Anforderung stellten die Firmen am häufigsten? Nicht »Engagement«, nicht »Belastbarkeit«, nicht »Organisationstalent«. Am höchsten im Kurs stand eine »T«-Aktie – der Begriff »Teamfähigkeit«. Wer hätte das gedacht! Ausgerechnet die deutschen Unternehmen, diese Walfische des kapitalistischen Systems, bieten in ihrem Bauch dem sozialistischen Kollektiv, der totalen Gleichheit und Brüderlichkeit, ein letztes Refugium. Sie nennen es »Team«; sie predigen »Teamarbeit«.

Die Idee dahinter klingt wie eine Mischung aus Karl Marx und Brüder Grimm: Statt als Einzelkämpfer miteinander zu konkurrieren, statt sich Erfolge selbst unter den Nagel zu reißen, statt sich beim Chef für die nächste Beförderung zu positionieren – stattdessen legen die Kollegen ihre Eigeninteressen wie Winterstiefel im Frühjahr ab und verschmelzen mit den anderen Teammitgliedern zu einer Einheit. Einer für alle – alle für einen!

In Sonntagsreden klingt diese Philosophie hervorragend: »Ist es nicht egal, wer eine Idee hatte? Hauptsache, sie bringt das Unternehmen vorwärts! Ist es nicht egal, wer einen Fehler verursacht hat? Hauptsache, er wird schnell behoben!«

Elli Wiener hatte bislang als Assistentin an einer Universität gearbeitet und wollte in die freie Wirtschaft wechseln. Ihr Bild von den dortigen Spielregeln hatte sie sich auf Basis der Anzeigen gemacht. In der Beratung sagte sie: »Toll, dass Teamfähigkeit so gefragt ist. Darin bin ich gut, da muss ich mich nicht verstellen. Es hätte ja sein können, dass die freie Wirtschaft eine reißende Wölfin erwartet.«

»Woher sind Sie so sicher, dass die Wölfin nicht doch gefragt ist?«, sagte ich.

»Nun, ich würde ja auch nicht ins Restaurant gehen und einen vegetarischen Salat bestellen, wenn ich ein Schweineschnitzel meine. Es wird schon seinen Grund haben, dass die Teamfähigkeit in den Anzeigen so oft verlangt wird.«

»Aber es gibt Leute, die bestellen einen Salat und ein Schnitzel zur gleichen Zeit. Haben Sie mal darauf geachtet, in wie vielen Anzeigen Sie *gleichzeitig* die Wörter ›Teamfähigkeit‹ und ›Durchsetzungsfähigkeit‹ angestrichen haben?«

Sie stützte ihren Ellbogen auf den Tisch, legte ihr Kinn in den Handteller und überflog die Anzeigen der aufgeblätterten Doppelseite: »Stimmt, oft wünschen die Firmen beides. Sehen Sie das denn als Widerspruch?«

»Ich sehe eine noch viel größere Diskrepanz: Wie passt es zusammen, dass durch dieselben Firmen, die ›Teamfähigkeit‹ fordern, der scharfe Wind des Konkurrenzdenkens pfeift; dass die einen Kollegen belobigt oder befördert, die anderen ignoriert oder gefeuert werden; dass die einen dicke Prämien und Gehaltserhöhungen bekommen, die anderen mit Hungerlöhnen nach Hause schleichen? Wie passt das zusammen mit dem Gedanken des Teams, in dem angeblich alle gleich sind?«

Sie schüttelte energisch den Kopf, als hätte sie mich bei einem Denkfehler ertappt: »Okay, einige sind gleicher als gleich. Aber dennoch kann Teamfähigkeit bei den Firmen gefragt sein!«

»Stimmt, die Unternehmen sind froh, wenn genug graue Teammäuse an Bord huschen – Teammäuse, die still, unauffällig und vor allem völlig anspruchslos ihre Arbeit verrichten. Sie springen für Kollegen ein. Sie drehen Nullrunden beim Gehalt. Sie machen kein großes Theater, wenn sie der Besen einer Kündigung eines Tages über Bord fegt.«

»Dann stimmt es gar nicht, dass die Firmen die Teamarbeiter fördern?«

»Werden ganze Teams befördert? Mit Gehaltserhöhungen bedacht? Von der Entlassungswelle verschont? Nein, das sind immer *einzelne* Kollegen! Solche, die aus dem Team ragen. Solche, die nicht grau geblieben sind, sondern sich durch ihre Einzelleistung einen Namen gemacht haben.«

»Also besser gegen die Teamkollegen arbeiten – als mit ihnen?«

»So mancher profiliert sich auf fremde Kosten. Bosse sehen diesen Konkurrenzkampf nicht ungern. Wer sich auf Kosten anderer profiliert, beweist genau das, was viele Chefs auf ihren eigenen Sessel gebracht hat: nicht Teamfähigkeit, sondern eine doppelte Portion Ehrgeiz!«

Sie kniff die Augen zusammen und funkelte mich gefährlich an: »Finden Sie das etwa gut?«

»Nein, ich bin kein Freund von Blitz und Donner, ich liefere Ihnen nur den Wetterbericht. Mir wäre eine Teamarbeit lieber, die über das Schlagwort hinausgeht.«

»Aber was mache ich denn jetzt, wenn ich eine Arbeit finde: Reiche ich den Kollegen die Hand zur Teamarbeit? Oder fahre ich die Ellenbogen aus?«

»Da sollten Sie genau hinschauen, wie sich die einzelnen Kollegen Ihnen gegenüber verhalten. Wer Sie unterstützt, den sollten Sie auch unterstützen. Wer loyal zu Ihnen ist, zu dem sollten Sie auch loyal sein. Aber zeigen Sie denen die Zähne, die sich auf Kosten anderer profilieren wollen. Sonst spielen Sie im Märchen von der Teamfähigkeit bald die Rolle des Rotkäppchens.«

»Und wie sollte meine Teamarbeit aussehen?«

»Engagieren Sie sich ruhig für die Gemeinschaft. Aber achten Sie darauf, dass Ihre Einzelleistung sichtbar bleibt. Es ist gut, wenn der Chef weiß, wer Sie sind und was Sie können.«

Kleingeist im Großraum

»Sie bleibt unten!«, zischt die Kollegin durchs Großraumbüro.
»Nein, sie muss rauf!«, knurrt der Kollege.
»Sie bleibt unten, sage ich!«
»Nein: rauf!«
»Runter!«
»Rauf!«
»Ruuunter!«
»Rauuuf!«
Wenn Chefs behaupten, ein Großraumbüro fördere die Kommunikation, kann man ihnen nicht widersprechen. Aber welche Fragen treiben die Kollegen um? Geht es um die Strategie der Firma, den Nutzen der Kunden, den Zusammenhalt des Teams? Nein, es geht um *wirklich* Wichtiges – zum Beispiel darum, in welche Richtung die Jalousie sich bewegen soll: rauf (für mehr Licht) oder runter (für mehr Schatten)?
Dieselbe Frage – rauf oder runter? – sorgt auch im Winter für heiße Diskussionen, mit dem kleinen Unterschied, dass es dann um die Temperatur der Heizung geht. Die Männer rufen »runter«, weil sie immer schwitzen; die Frauen rufen »rauf«, weil sie immer frösteln. Und wenn das Rufen nichts nützt, fängt das Raufen an, die Schlacht im Großraumbüro.
Viel Lärm um nichts? Nein, sagt der Umweltpsychologe Gary Evans von der amerikanischen Cornell-Universität. Seine Studie weist nach: Im Großraum schüttet der Körper doppelt so viele Stresshormone wie im Einzelbüro aus. Man

ist ständig kampf- oder fluchtbereit, die Gesundheit bleibt auf der Strecke.

Was sorgt im Großraumbüro für Stress? Nicht Termindruck, nicht Personalknappheit, nicht die Arbeit an sich – es sind die Kollegen, von denen man sich nicht abgrenzen kann.

Vor ein paar Monaten wurde ich in eine Werbeagentur gerufen und sollte einen Konflikt schlichten. Die Texter in einem Großraumbüro hatten sich verkracht. Die Wut der Gemeinschaft richtete sich gegen Andreas Blatter (27), einen hageren Zwei-Meter-Riesen, der stets in Schwarz gekleidet war. Bei seinem Chef galt er als Texter Nummer eins, bei seinen Kollegen nur als Schreihals. Ich führte Einzelgespräche, um die Gründe der Missstimmung zu erforschen.

Eine Kollegin von Blatter erzählte mir: »Er benimmt sich wie die Axt im Wald. Er tut so, als wäre er allein auf der Welt. Er ist einfach unsozial.«

»Wie verhält er sich genau?«

»Er greift zum Telefon. Fünfmal die Stunde. Wer zufällig im Raum ist, wird zur Geisel seiner Stimme. Am Telefon palavert er mit seinen Kumpels in einer Lautstärke, als würde ein brasilianischer Fußballreporter das WM-Endspiel kommentieren. Jeder, wirklich jeder, muss sich seinen Müll mit anhören – zum Beispiel, dass der Hausmeister in seinem Mietshaus schon morgens um acht nach Apfelkorn riecht.«

»Weiß er denn, dass er die anderen stört?«

»Er will es nicht wissen! Ich habe mich, während er telefonierte, schon vor ihm aufgebaut, so dicht, als hätte ich ihm in die Nase beißen wollen. Dann habe ich beide Handflächen auf meine Ohren gedrückt. Das war natürlich ein Fehler.«

»Weil er beleidigt war?«
»Nein, weil er sofort mit einer Live-Reportage begann: ›Stell dir vor, hier rückt mir gerade eine durchgeknallte Kollegin auf die Pelle, und zwar ...‹ Die nächste Viertelstunde der Beschallung war gesichert.«
»Wie kommen die anderen Kollegen mit diesem Verhalten klar?«
»Sobald er zum Telefonhörer greift, greifen viele Kollegen zum Ohropax. Wer selbst telefoniert, macht oft Schluss, Motto: ›Sorry, ich ruf später noch mal an, wir haben hier gerade eine Ruhestörung.‹«
Leider war Andreas Blatter für die Konfliktberatung so unzugänglich wie eine Eule fürs Nachtflugverbot. Konfrontiert mit den Aussagen der Kollegen, grinste er und meinte: »Wer nichts aushält, soll sich einen anderen Beruf suchen. Wir sind hier in der Werbung, da ist Leben in der Bude.« Sein Chef stand letztlich hinter ihm. Er wollte seinen besten Texter nicht verlieren. Den Ärger der anderen nahm er in Kauf.
Jedes Großraumbüro wirkt wie ein Brennglas: Es zeigt die Schwierigkeiten in der Vergrößerung. Das Grundproblem ist dasselbe wie an allen anderen Arbeitsplätzen: Man kann sich seine Kollegen nicht aussuchen, man ist ihnen ein Arbeitsleben lang, bis zu fünfundvierzig Jahre am Stück, ausgeliefert. Ihrem Lärm ausgeliefert. Ihrem Geruch ausgeliefert. Ihrem Anblick ausgeliefert. Ihrem Grinsen ausgeliefert. Ihren Meinungen ausgeliefert. Ihrem Unsinn ausgeliefert. Ausgeliefert mit Haut und Haaren.
Jeder Sozialterrorist, jedes Charakterwrack, jeder durchgeknallte Schreihals bekommt im Großraum die einmalige

Gelegenheit, als Einzelner eine ganze Gruppe in Sippenhaft zu nehmen und sie nach Lust und Laune zu terrorisieren. Einige Spielarten dieses Terrors sind den Chefs nicht unwillkommen. Zum Beispiel gibt es oft einen Blockwart, der streng über die Arbeitszeiten der Kollegen wacht. Kommt einer später als sonst, kann er sich ein »Noch beim Zahnarzt gewesen?« nicht verkneifen. Und geht einer abends, bevor die Nacht schon am Fenster lehnt, ruft er ihm hinterher: »Schönen Feierabend. Ha, ha, ha.«

Die Folgen sind klar: Keiner will als Letzter kommen, keiner als Erster gehen. Also hocken die Kollegen wie in einem Gefängnis, das sie selbst beaufsichtigen, und reißen sich bei der Arbeit in Stücke. Kleine Abschwenker ins Privatleben, etwa durch Telefonate, sind kaum drin. Alle hören mit.

Übrigens hat der Forscher Gary Evans in seiner Studie auch herausgefunden, was den Kollegen im Großraumbüro am meisten schadet: Es ist der Lärmpegel. In der Frühzeit, als wir es noch mit greifbaren Gefahren zu tun hatten, mit Bären statt mit Kollegen, war es für das Überleben notwendig, bei einem Knacken im Gebüsch sofort alle Energie des Körpers zu mobilisieren – um zu kämpfen (sofern der Bär sehr klein war) oder zu fliehen (sofern er groß war). Dabei wurde die Energie verbraucht.

Heute löst der Stress, den zum Beispiel Kollegenlärm verursacht, immer noch denselben Adrenalinschub aus. Unser Körper gleicht einem angespannten Bogen: Er will seine Energie entweichen lassen. Kein Faustkampf und kein Davonlaufen sind möglich. Also vagabundiert die Energie durch den Körper, drückt den Blutdruck nach oben und lässt das Herz galoppieren. Diese Anspannung, der keine Ent-

spannung folgt, ist Gift für die Gesundheit, nicht nur für Herz und Kreislauf, auch für die Psyche.
Und was tun gereizte Menschen? Sie streiten über Kleinigkeiten. Zum Beispiel über die richtige Position der Jalousie.

Die faulen Äpfel im Korb

Man kennt das ja von Zauberern: Sie greifen in einen Hut, und wo vorher nichts war, ziehen sie ein Kaninchen hervor. Mit der Arbeit funktioniert der Trick umgekehrt: Ein Kollege greift auf seinen Schreibtisch, und wo vorher ein Berg von Arbeit war, ist danach nichts mehr. Dieser Zauber hat einen Namen; er heißt: Delegieren.
Doch Moment mal! Wie kann ein Kollege überhaupt delegieren? Den Zauberstab dafür bekommen doch nur Führungskräfte. Ihr Job besteht zu großen Teilen darin, Arbeit weiterzugeben. Aber Kollegen können einander nicht zur Übernahme bestimmter Arbeiten zwingen. Es sei denn, sie verwenden ganz spezielle Zaubertricks, nämlich die beiden Ü-Strategien – Überzeugen oder Übertölpeln.
Das Überzeugen funktioniert, indem der Delegierkünstler die lästige Aufgabe als große Chance darstellt. Zum Beispiel sagt er: »Mensch, ich habe fast ein schlechtes Gewissen! Jetzt sind gleich zwei Topvorgänge auf meinem Schreibtisch gelandet, beide in direkter Berichtslinie zur Geschäftsführung.« Er strahlt, als hätte er auf seinem Schreibtisch keinen Arbeitsberg liegen, sondern eine frisch dem Koffer entnommene Lottomillion.
Vertrauensvoll fährt er fort: »Aber du bist wirklich eine nette Kollegin. Und ich weiß ja, wie schwer man sich im All-

tagsgeschäft profilieren kann. Deshalb würde ich dir diese Aufgabe ...« Und so bietet er, der Lottomillionär, seiner Kollegin an, den Schatz mit ihr zu teilen. Wer kann da schon nein sagen?

Die Kollegin nimmt die Arbeit entgegen, bedankt sich pflichtschuldigst und merkt erst ein paar Wochen später, wenn die Terminzündschnur immer schneller niederbrennt, welche Bombe sie sich da auf den eigenen Schreibtisch gerollt hat. Natürlich ein nichtiger Vorgang, bei dem sie nur verlieren und nicht gewinnen kann!

Das zweite Ü, das Übertölpeln, appelliert an die Gutmütigkeit der Kollegen. Der Kollege gibt vor, fünf Projekte gleichzeitig zu jonglieren, während ihn sein Arzt eigentlich schon krankgeschrieben hat, seine Frau davongelaufen ist und seine Kinder in der Schule nur Fünfer schreiben.

In dieser großen Not, am Rande des Zusammenbruchs, bittet er Sie mit tiefer Verbeugung um einen »klitzekleinen Gefallen«. Er streckt Ihnen eine Akte hin, die schmal wie ein Löschblatt und offenbar schnell zu erledigen ist. Aber sobald ein »Also gut!« über Ihre Lippen huscht, erweist sich diese Akte nur als ein Zipfel. Sie ziehen daran, und ein ganzer Aktenschrank fällt Ihnen entgegen!

Zum Beispiel wählen Sie die Nummer Ihres Chefs, um ihm – wie der Kollege Sie bat – eine winzige Information zu liefern. Er bellt ins Telefon: »Haben Sie das Projekt jetzt übernommen?« – »Gewissermaßen«, antworten Sie. »Also gut«, fährt er fort, »dann erledigen Sie bitte bis zum Ende der Woche Folgendes ...«

Und nun folgt ein Arbeitsauftrag, dessen Umfang so groß ist, dass er vor der Rente kaum mehr zu erledigen ist (auch wenn Sie erst dreißig sind!). Der Delegierkünstler, in dessen Büro Sie stürmen, streckt seinen Kopf hinter einer Illustrierten hervor, drückt Ihnen sein Beileid aus und schaltet auf Durchzug.

Es gehört zu den größten Rätseln der Erde, warum sich Arbeit nie gleichmäßig verteilt. Es gibt immer die einen, die im Arbeitsmeer strampeln, und die anderen, die sich auf den arbeitsfreien Inseln sonnen. Die hohe Kunst der Faulpelze besteht darin, den eigenen Müßiggang nach außen zu verschleiern.

Zum Beispiel kenne ich den Fall eines Jugendamtmitarbeiters, der sich jeden zweiten Nachmittag, unter lautem Gejammer gegenüber seinen Kollegen, zu »Kontrollbesuchen« auf den Weg machte. Nicht gerade eine angenehme Aufgabe, an Sozialwohnungen zu klingeln, die Kinder zu zählen und mit dem Hausherrn darüber zu diskutieren, ob sich Apfelkorn als Beimischung zur Babynahrung eignet oder eher nicht.

Aber in Wirklichkeit verschwand dieser Beamte in eine ganz andere Richtung: in sein kleines Eigenheim am Stadtrand. Und wenn sich am nächsten Morgen die Akten mal wieder bei ihm auf dem Tisch ballten, fand er immer eine helfende Hand unter den Kollegen.

Andere Delegierkünstler türmen leeres Papier auf ihrem Schreibtisch zu solchen Höhen, dass man ein Fernglas braucht, um bis nach oben zu sehen. Diese Papierwände haben erstens den Vorteil, dass man sich dahinter verkriechen und ungestört seinen Vorlieben nachgehen kann. Und zweitens erwecken sie den Eindruck, hier müsse jemand ausgelastet sein bis zum Gehtnichtmehr. Zumal das einzige Geräusch, das hinter diesem Papierberg hervordringt, ein ausdauerndes Jammern ist.

Eine weitere Strategie, die eigene Faulheit zu überspielen, besteht in eifrigem Fleiß. Allerdings richtet sich diese Energie nicht auf die Arbeit, sondern auf das Hobby des Delegierkünstlers. Wenn er wie verrückt auf seine Computertastatur einhackt, tippt er nur das Protokoll für die letzte Versammlung seines Briefmarkensammlervereins. Wenn der Drucker nicht mehr stillsteht, druckt er sich die Prospekte von Urlaubsorten aus. Niemand ahnt, was er da treibt. Jeder hält den Faulenzer für fleißig und nimmt ihm Arbeit ab.

Das war der Sinn der Übung, denn »Faulheit ist die Kunst, so lange nichts zu tun, bis die Gefahr vorüber ist, dass man etwas tun müsste«, schrieb der österreichische Schauspieler Gunther Philipp.

5 Nix verstehen, Kollege?

Kollegen reden nie miteinander, sondern immer aneinander vorbei. Der eine meint nicht, was er sagt, der andere sagt nicht, was er meint. Der gemeinsame Nenner ist nur das Missverständnis. In diesem Kapitel lesen Sie …
- wie der Philosoph Martin Heidegger erklären würde, dass jeder Kollege auf einem eigenen Planeten wohnt;
- wie die Kollegen im Großraumbüro eine junge Kauffrau zu einem Wutanfall treiben;
- warum Kritik unter Kollegen so oft nach hinten losgeht
- und weshalb ein Blick auf die Körpersprache reichen würde, um die Machtverhältnisse an Ihrem Arbeitsplatz zu klären.

Der Philosoph und die Blume

Es muss ein Tag im Frühjahr gewesen sein, als der Philosoph Martin Heidegger über den Feldberg im Schwarzwald spazierte, eine Blume am Wegesrand sah und sich zu ihr hinabbeugte. Ein Gedanke kam ihm, den er später in seinem Buch *Sein und Zeit* aufschrieb: Er stellte sich vor, zwei Menschen sähen diese Blume zur gleichen Zeit, sagen wir: ein Botaniker und ein Stadtmensch. Und Heidegger kam zu dem Ergebnis: Die beiden würden doch nicht dieselbe Blume sehen!

Denn was sähe der Botaniker? Als Pflanzenforscher würde er ein Individuum, ein Forschungsobjekt, ein kleines Wunder erblicken. Er könnte die Blume bei ihrem lateinischen Namen nennen und wüsste genau, wann sie blüht und wann sie welkt. Stundenlang hätte er sich mit der Blume beschäftigen und sich an ihrem Anblick erfreuen können.

Anders der Stadtmensch, ein Allergiker: Er hätte am Wegesrand nur »irgend so ein lästiges Unkraut« erblickt – ein Unkraut, das ihn niesen und schnupfen lässt. Ein Unkraut, dessen Namen er nicht kennt, das er ohne Gewissensbiss mit einem Fußtritt ummähen würde.

Unter den Arbeitskollegen passiert das Gleiche. Sie stehen täglich vor »Blumen« und sind ganz sicher: Der andere sieht dasselbe wie sie. Sie wollen sich von Botaniker zu Botaniker, von Allergiker zu Allergiker unterhalten. Und sind dann entsetzt, wenn der Kollege vollständig an ihnen vorbeiredet. Oder die schönsten Pflanzen mit den Füßen tritt.

Die Blumen in der Firma sind Werte, zum Beispiel Kollegialität und Pünktlichkeit, Fleiß und Gemeinschaftssinn, Hilfsbereitschaft und Höflichkeit. Sie bestimmen, was ein Kollege tut oder lässt, für gut oder für schlecht hält. Die Werte sind tief in uns verwurzelt, geprägt durch Erziehung und Erfahrung.

Gut kann ich mich an Fridolin Haug (32) erinnern, den Spross einer hanseatischen Kaufmannsfamilie, der sich bei mir in der Karriereberatung bitterlich über seine Kollegin Jutta Hermann (43) beschwerte: »Diese Frau ist wie ein Überfallkommando – sie reißt meine Bürotür einfach auf.

Als wollte sie mich zu Tode erschrecken. Dabei habe ich sie schon mehrfach aufgefordert: Klopf an, ehe du zu mir ins Büro kommst. Vergeblich!«
»Wie deuten Sie das Verhalten von Frau Hermann?«
»Sie ist vollkommen rücksichtslos. Sie hat keinen Respekt vor mir und meiner Intimsphäre. Sie platzt einfach rein – ›Hallo, hier bin ich!‹ – und schießt dabei alle Regeln der Höflichkeit in den Wind.«
»Wie hat die Kollegin auf Ihren Wunsch reagiert, sie möge anklopfen?«
»Sie hat mich angeschaut, als wäre ich völlig durchgeknallt, und meinte: ›Das ist jetzt wohl nicht dein Ernst?! Wir haben doch ein gutes Verhältnis, wir sind doch keine Fremden! Sonst können wir uns auch wieder siezen.‹«
Nun interessierten mich die Wurzeln der Blume: »Wie war das in Ihrem Elternhaus, wenn jemand einen Raum betreten hat?«
»Das war völlig klar, dass man anklopft! Ich habe schon als Fünfjähriger gelernt, dass man nicht einfach in Papas Arbeitszimmer stürmt. Meine Eltern haben das bei mir genauso gemacht: erst klopfen, dann reinkommen. So ging das auch in meiner letzten Firma.«
Wollen wir wetten, dass es im Elternhaus der Kollegin anders war? Dass dort jedes Arbeitszimmer eine offene Tür hatte – und jedes Familienmitglied ohne Ankündigung eintreten konnte?
Hier haben zwei Menschen auf dieselbe Blume geschaut – nennen wir sie »Höflichkeit« –, aber etwas anderes gesehen. Für Jutta Hermann war es ein Zeichen von Vertrautheit, ohne Anklopfen den Raum des Kollegen zu betreten. Und

für Fridolin Haug war es ein Einbruch in seine Intimsphäre, »ein Überfallkommando«.

Aber weil der Botaniker den Gesprächspartner für seinesgleichen hält und der Allergiker genauso, fehlt jedes Verständnis füreinander. Die beiden Kollegen erklären den Konflikt nicht mit den unterschiedlichen Werten – sie beziehen das »unmögliche Verhalten« auf sich selbst. Sind verständnislos, werden wütend und nehmen die vermeintliche Herausforderung zu einem Streit an.

Ähnliches können Sie beobachten, wenn sich zwei Kolleginnen verabreden: »Wir treffen uns gleich am Empfang«, ruft die Erste durchs Telefon. »Ist okay«, antwortet die Zweite. Nun saust Kollegin Nummer eins schnurstracks zum Treffpunkt. Dort steht sie wie bestellt und nicht abgeholt. Kollegin Nummer zwei trudelt erst zehn Minuten später ein. Ein Hagel aus Vorwürfen prasselt ihr entgegen.

Wieder haben die beiden nicht dieselbe Blume »Pünktlichkeit«, ja nicht einmal dasselbe Wörtchen »gleich« gesehen. Für die eine hieß »gleich«: »Sofort loslaufen!« Für die andere: »In den nächsten fünfzehn Minuten.«

Aber erneut ahnen die Kolleginnen nichts von ihren unterschiedlichen Maßstäben. Die angeblich »Überpünktliche« sieht den Fehler bei der anderen (»Was lässt sie mich hier schmoren?«), die angeblich »Unpünktliche« sieht es umgekehrt (»Was muss sie auch so früh losrennen!«).

Dieselben Wörter, dieselben Werte – doch jeder Kollege gibt ihnen eine eigene Bedeutung. Als würde jeder eine eigene Sprache sprechen und in einer eigenen Welt leben. Und so ist es auch! Das Modell des Konstruktivismus sagt: Es gibt nicht *eine* Wirklichkeit, die objektiv vorhanden ist. Viel-

mehr bastelt sich jeder Mensch seine eigene Realität zusammen.
Wahr ist, was ein Mensch wahrnimmt. Und wirklich ist, was wirkt. Jeder sieht die Welt durch eine eigene Brille. Nur wer es schafft, die Sichtweise des anderen zu erforschen, kann die täglichen Missverständnisse verhindern und ein tiefes Verständnis für die Kollegen entwickeln.
Schade, dass Martin Heidegger nicht mehr lebt – gerne hätte ich ihn einen Blick in die Fauna der Firmen werfen lassen. Vielleicht hätte er sein Hauptwerk dann anders genannt: *Sein und Arbeitszeit* ...

»Ich verstehe nur Bahnhof!«

Ein Geräuschpegel wie im Einkaufszentrum. Die Kauffrau Nina Meisner (24) beugt sich mit ihrem Kopf dicht an den Flachbildschirm. Ihre Finger laufen über die Tastatur, sie formuliert ein wichtiges Angebot. Immer wieder stockt der Schreibfluss. Schließlich räuspert sie sich so laut, dass es jeder im Großraumbüro hören kann, und sagt: »Feiert ihr eine Party?«
Die Blicke der Kollegen wandern kurz zu ihr, Lachen und zustimmendes Nicken. Dann brandet die Geräuschwelle wieder auf: Ein Kollege beschwatzt seinen Telefonhörer im Rhythmus eines Rappers; die beiden Einkäuferinnen plappern beim Kaffee; und dem Azubi quillt Popmusik aus den Ohren (offenbar hat er seine Kopfhörer zu laut eingestellt).
Nina Meisner beugt sich noch weiter nach vorne, ihr Haar berührt jetzt fast den Bildschirm. Es sieht aus, als wollte sie in ihn hineinkriechen. Ihre Finger liegen nun regungslos auf

der Tastatur. Ihr Gesicht verfinstert sich wie ein Himmel, aus dem gleich ein Orkan bricht. Dann brüllt sie: »Ruuuuhe! Ist jetzt endlich Ruhe, verdammt noch mal!«
Danach ist es still, still wie bei einem Tonausfall. Nur die Bässe aus den Kopfhörern des Azubis hämmern noch. Eine Einkäuferin hält ihre Hand vor den Mund und schaut die andere an. Dann beginnt sie zu kichern, laut und hysterisch. Das Gelächter steckt die Kollegen an. Der Regler steht wieder auf voller Lautstärke.
Nina Meisner versteht die Welt nicht mehr: Was war daran jetzt komisch? Komisch war für die Kollegen, dass dieser Wutausbruch – so denken sie – aus heiterem Himmel kam, dass er völlig überzogen wirkte. Tatsächlich aber haben sie nur die Sturmwarnung überhört. »Feiert ihr eine Party?« sollte nicht heißen: »Schön, dass ihr so gute Laune habt!« (wie sie es verstanden haben), sondern: »Haltet jetzt endlich mal die Klappe, damit ich mich konzentrieren kann!«
Nina Meisner war der Meinung, ihre Botschaft freundlich und klar vermittelt zu haben. Aber es ist nicht gelungen. Was der eine Kollege sagt und was der andere hört, ist oft so weit voneinander entfernt wie zwei Kontinente. Mal scheitert es am klaren Ausdruck, dann am aufmerksamen Zuhören. Und so reden die Kollegen den ganzen Tag aneinander vorbei.
Das wäre sogar witzig, wenn es nicht so ernste Konsequenzen hätte. Denn wie hat Nina Meisner die fortgesetzte Ruhestörung aufgefasst? Als Zeichen der Geringschätzung, als Affront der Kollegen. Und wer garantiert, dass die Kollegen, wenn das Gelächter verklungen ist, ihr den Wutausbruch nicht übelnehmen?

»Wir verstehen uns!« – dieser Satz kann zweierlei meinen: die Kommunikation (dass einer weiß, was der andere meint) *und* die Beziehung (dass Menschen einander mögen). Gelingt die Kommunikation, gelingt auch die Beziehung. Und ist die Kommunikation gestört, zieht sie auch gestörte Beziehungen nach sich. Missverständnis, Unverständnis, Streit!

Es würde sich lohnen, ein eigenes Wörterbuch zu schreiben, um die Andeutungen der Kollegen in klare Menschenrede zu übersetzen. Viele Kommunikationsunfälle ließen sich vermeiden. Ein paar Beispiele, die Ihnen bekannt vorkommen dürften:

Andeutung: »Heute stecke ich wieder bis zum Hals in Arbeit.«
Kollege versteht: »Er hat viel zu tun heute. Wahrscheinlich teilt er sich seine Arbeit schlecht ein, ist ja ein kleiner Chaot. Ich arbeite strukturierter und schaffe es deshalb, pünktlich Feierabend zu machen.«
Gemeint war: »Wird's bald, du Faulpelz, greif mir endlich unter die Arme. Bei mir biegt sich die Schreibtischplatte vor lauter Arbeit, und du drehst den ganzen Tag Däumchen und schaust schon um elf auf die Uhr, wann endlich Feierabend ist!«

Eine weitere Situation:
Andeutung: »Der Brückentag wäre eine schöne Gelegenheit, den Urlaub noch ein wenig auszudehnen.«
Kollege versteht: »Wie nett von ihr! Sie will mich darauf aufmerksam machen, an diesem Tag Urlaub einzutragen. Gute Idee, mach ich sofort!«

Gemeint war: »Na los, biet mir schon an, dass ich mir diesen Urlaubstag reservieren kann. Du weißt doch, dass ich viel zu wenig Zeit mit meiner Familie verbringe. Und sicher erinnerst du dich, dass ich vor fünf Jahren zu deinen Gunsten verzichtet habe.«

Und noch ein drittes Beispiel:
Andeutung: »Der Chef ist immer voll des Lobes für dich.«
Kollege versteht: »Sie ist stolz, mit einer solchen Kapazität wie mir arbeiten zu können – wahrscheinlich strahlt ein kleiner Teil meines Ruhmes auf sie ab. Es sei ihr gegönnt!«
Gemeint war: »Verdammt noch mal, sag dem Chef endlich, dass ich mindestens die Hälfte der Arbeit mache – und dass mir die Hälfte des Lobes gebührt! Was rede ich da: mehr als die Hälfte!«

Ehrlichkeit als Entlassungsgrund

Das Erste, was ich von der Designerin Paula Stengert (53) las, war eine Mail mit einer spannenden Frage: »Ist es besser, wenn man zu seinen Kollegen ehrlich ist? Oder sollte man nach Kräften lügen?« Meine Antwort fiel knapp aus: »Das hängt von der Situation ab.«
Ein paar Wochen später saß sie mir in der Karriereberatung gegenüber, farbenfroh wie ein Schmetterling, die Haare offen, eine Künstlerin eben. Aus ihrem Lebenslauf wusste ich: Seit fünfundzwanzig Jahren arbeitete sie in PR-Agenturen, meist ein bis zwei Jahre, abwechselnd mit einer Freiberuflichkeit als Malerin.

»Wie sind Sie auf Ihre Frage mit der Ehrlichkeit gekommen?«, fragte ich.
»Weil ich ein ehrlicher Mensch bin. Und weil ich mir damit immer wieder eine blutige Nase hole.«
»Ihre Ehrlichkeit schadet Ihnen?«
»Und ob sie mir schadet! Haben Sie meinen Lebenslauf mal genauer angeschaut? Dann sind Ihnen bestimmt die Lücken ohne Festanstellung aufgefallen. Wenn Sie mich jetzt fragen, wie es dazu kam: Ich war zu ehrlich. Immer wieder zu ehrlich!«
»Haben Sie ein Beispiel?«
»Nehmen Sie meine Kollegin Claudia, sie sitzt im Großraumbüro neben mir. Hundertmal hat sie schon gesagt: ›Ich wünsche mir offene Feedbacks.‹ Aber als ich ihr neulich über die Schulter sah und meine Meinung zu einem Entwurf sagte, hat sie zwei Wochen nicht mehr mit mir gesprochen.«
»Was genau haben Sie gesagt?«
Sie schloss die Augen, tauchte in ihre Erinnerung: »Ich glaube, meine Worte waren: ›Das sieht aus wie von einer Designstudentin im ersten Semester. Du packst zu viele Elemente rein, und die Farben gehen durcheinander. Da fehlt die Idee, der rote Faden.‹ Da faucht sie mich an: ›Geh weg!‹ Und macht zwei Wochen auf beleidigt.«
»Sie halten diese Reaktion für übertrieben?«
Jetzt fuchtelte sie mit den Händen wie eine Dirigentin: »Und ob! Eigentlich hatte ich sagen wollen: ›Du lieber Himmel, das ist kein Entwurf, das ist eine Katastrophe! Wenn du das dem Kunden zeigst, machst du dich lächerlich.‹ Aber man wird ja klüger …«
In der nächsten Stunde erzählte sie mir, wie sie an allen Ar-

beitsplätzen angeeckt war. Mal hatte sie eine Kollegin gebeten: »Kannst du die Giftgasdosis ein wenig senken?« Gemeint war deren Parfüm. Dann hatte sie einen Kollegen bei einer Teamrunde vor dem Chef mit seinen früheren Äußerungen konfrontiert: »Gestern in der Kantine hast du aber noch gesagt ...« Und ein anderes Mal hatte sie im Großraumbüro während ihrer Probezeit gefordert: »Macht doch endlich mal das Fenster auf! Sonst werden wir alle noch am Mief ersticken.« Vier Wochen später war sie arbeitslos.

Sie sah mich herausfordernd an: »Sagen Sie es ganz direkt: Bin ich zu ehrlich?«

Ich dachte einen Moment nach. »Also, ich möchte es so formulieren ...«

Sie schnellte mit ihrem Oberkörper wie eine Klapperschlange nach vorne: »Hallo! Eiern Sie nicht rum, sagen Sie mir ganz direkt: Bin ich zu ehrlich?«

»Ihre Ehrlichkeit ist nicht das Problem; Sie verpacken Ihre Kritik nur zu schlecht.«

»Sie meinen: Ich heuchle zu wenig?«

»Nein, Sie denken zu wenig darüber nach, was bei Ihren Kollegen ankommt. Als würden Sie eine Sektflasche öffnen, ohne darauf zu achten, wem der Korken um die Ohren fliegt.«

»Aber ich wollte doch nur ...«

»Was *Sie* mit dem Gesagten erreichen wollen, ist nicht so wichtig – entscheidend ist, was beim anderen ankommt. Warum hat Ihre Kollegin so empfindlich auf die Kritik an dem Entwurf reagiert? Bei ihr kam an: ›Du bist eine Anfängerin!‹ Warum ging Ihre Kritik an dem Mief im Großraumbüro nach hinten los? Bei den Kollegen kam an: ›Ihr seid Stinker und merkt es nicht einmal!‹«

»Moment, Moment! Man kann doch alles in den falschen Hals kriegen. Das ist doch das Problem der anderen – nicht meines!«

»Wer hat denn seinen Arbeitsplatz verloren: die anderen oder Sie? Wer ist es, mit dem die Kollegin Claudia zwei Woche lang nicht mehr spricht: die anderen oder Sie?«

Jetzt dirigierte sie nicht mehr, sondern ließ ihre Hände kraftlos auf den Tisch fallen. Mir war, als hätte ich ein Glitzern in ihren Augenwinkeln gesehen. Dann sagte sie: »Also gut, ich habe da wohl ein Problem – lassen Sie uns Lösungen suchen.«

Die Bomben der Kritik

Probieren Sie mal, sich von einem Kollegen kritisieren zu lassen, ohne (heimlich) darüber zu grollen! Das ist so, als sollten Sie einen reißenden Fluss durchqueren, ohne dabei nass zu werden. Unberechtigte Kritik tut weh, weil sie unberechtigt ist. Berechtigte Kritik tut weh, weil sie berechtigt ist. »Wer sich über Kritik ärgert, gibt zu, dass sie verdient war«, schrieb der römische Historiker Publius Cornelius Tacitus.

Kritik unter Kollegen tut besonders weh. Warum eigentlich? Wie erklärt es sich, dass sie oft zu Krisen, Konflikten und Mobbing führt? Das hat (mindestens) vier Gründe:

1. Der Kritiker stellt sich über den Kritisierten

Niemand lässt sich gern von seinem Chef kritisieren. Aber es ist klar: Der Chef darf das, weil er der Chef ist. Wie ein Lehrer seinen Schüler und ein Preisrichter die Eiskunst-

läuferin bewerten darf, steht dem Chef ein Urteil über seine Mitarbeiter zu. Er steht in der Hierarchie eine Stufe höher.
Aber wäre es denkbar, dass die Schüler sich gegenseitig benoten? Keiner von ihnen würde ein negatives Urteil akzeptieren. Ebenso verhält es sich unter den Kollegen. Die heimliche Frage lautet: »Wer gibt dir das Recht, mich zu kritisieren?« Für Sprengstoff sorgt die Machtfrage hinter der Kritik: Wer seinen Kollegen belehrt, versetzt sich in den »Hochstatus« (wie die Psychologen das nennen). Wer sich belehren lässt, rutscht in den Tiefstatus.
Das löst Abwehrreflexe aus. Wie der Fußballtorhüter Bälle wegboxt, wehren die Kollegen Kritik von ihresgleichen ab. Je absoluter sie klingt, desto weniger ist sie annehmbar. »Du packst zu viele Elemente in deinen Entwurf« – so darf nur ein Preisrichter urteilen, keine Kollegin. Annehmbarer wäre eine Ich-Aussage gewesen: »Für meinen Geschmack sind es zu viele Elemente.« Damit hätte Paula Stengert ihren Eindruck geschildert (der richtig, aber auch falsch sein kann), statt sich zur Richterin zu machen.

2. Pauschalkritik meint die Person
Hören Sie mal genau hin, wenn ein Kollege den anderen kritisiert. Das klingt dann etwa so: »*Immer* lässt du den Dienstwagen mit leerem Tank zurück.« Oder: »*Jedes* Mal heimst du dir den Urlaub an den Brückentagen ein.« Oder: »Du hast *grundsätzlich* schon etwas vor, wenn mal eine Überstunde anliegt.«
Wut ist ein scharfes Messer – sie spitzt die Kritik zu. Der Einzelfall wird zum Regelfall erklärt. Das treibt den Emp-

fänger der Kritik auf die Palme; sofort wird er kontern, er habe den Dienstwagen sehr wohl schon mit vollem Tank zurückgebracht, auf Brückentage verzichtet und Überstunden gemacht.

Instinktiv ahnt der Angreifer, dass seine Übertreibung den Kollegen als Person trifft (wer *grundsätzlich* keine Überstunden macht, ist ein Faulpelz!). Und der Kollege startet einen Gegenangriff, weil er sich das nicht gefallen lassen will. Pauschale Kritik ist die Mutter vieler Feindschaften.

Darüber habe ich auch mit Paula Stengert gesprochen. Was für ein Unterschied, wenn sie statt »Macht doch *endlich mal* das Fenster auf!« – heimliche Botschaft: das tut ihr Schweinchen offenbar nie – gebeten hätte: »Könnt ihr bitte das Fenster öffnen?«

3. Schwammige Kritik macht ohnmächtig

»Deine Briefe taugen einfach nichts«, »Du bist miserabel organisiert«, »Du hast kein technisches Verständnis« – solche Kritik lässt vor allem eine Frage offen: Was genau missfällt dem Kritiker? Taugen die Briefe nichts, weil sie zu lang sind? Zu kurz? Zu technisch formuliert? Oder allzu poetisch?

Wenn der Kritisierte nicht erfährt, was genau der Kollege bemängelt, hat er keine Chance, diesen Mangel zu diskutieren oder zu beheben. Die Kritik brandmarkt ihn, als wäre alles an seinen Briefen schlecht, vom Einstieg bis zum Schlusssatz (und nicht nur vielleicht *einzelne* Formulierungen). Als wäre er ein geborener Briefversager.

In diese Ecke lässt sich keiner gerne schieben, schon gar nicht von einem Kollegen. Zumal der Beruf oft das Fundament ist, auf dem das Selbstbewusstsein fußt; nicht umsonst stammen die häufigsten Nachnamen in Deutschland, ob Müller oder Fischer, Meier oder Jäger, von den Berufen ab. Angriffe auf ihre beruflichen Qualitäten erleben Kollegen als Angriffe auf ihre Identität.

4. Immer nur Negatives!
Kritik verengt den Blick: Man sieht nicht mehr die ganze Suppe, nur noch das Haar darin. Wie geht es wohl dem Koch damit? War der Entwurf von Kollegin Claudia wirklich nichts anderes als eine grafische Missgeburt, wegen der vielen Elemente und Farben? Oder steckte darin auch ein positiver Kern, zum Beispiel Vielfalt oder Mut zur Extravaganz? Wie anders wäre die Kritik angekommen, wenn Paula Stengert nicht nur das Haar beklagt, sondern auch die Suppe anerkannt hätte!
Wer es schafft, bei seiner Kritik auch das Positive zu würdigen, hält den Hoch- und Tiefstatus zwischen sich und dem Kollegen in der Waage. Dann hat die Kritik viel bessere Chancen, dass sie auf offene Ohren trifft.

Machtworte des Körpers

Stellen Sie sich vor, Sie und Ihre Kollegen würden den ganzen Tag gefilmt, wie Darsteller eines Stummfilms. Der Zuschauer könnte jede Körperhaltung, jede Handbewegung, jeden Blick sehen – aber kein einziges Wort hören. Was meinen Sie: Ließe sich an der Körpersprache ablesen, wie die Hackordnung aussieht? Welche Kollegen miteinander konkurrieren? Welche dicke Freunde sind und welche sich zur Hölle wünschen?

Ich versichere Ihnen: Die Körpersprache ist zuverlässiger als die gesprochene Sprache. Denn Worte kann man mit dem Willen formen, daher das Wort »Formulierung«. Wer den Vorschlag eines Kollegen hört und »Schnapsidee!« denkt, der sagt: »Interessanter Vorschlag, aber ich würde es anders anpacken.« Wer gefragt wird, wie es ihm gehe, der sagt nicht »katastrophal« (selbst wenn es so wäre) – er sagt: »Ausgezeichnet!« Und wer seinem Kollegen »Fahr zur Hölle!« nachrufen möchte, weil der ihm einen Tisch voller Arbeit zurücklässt, sagt dann doch: »Schönen Urlaub, Karl-Heinz!«

Die Wortsprache hört auf das Kommando des Verstandes. Dagegen führt die Körpersprache ein verräterisches Eigenleben, vor allem unter Stress. Wer sich erschreckt, zuckt zusammen; wer sich vor anderen blamiert, wird rot – ob er es nun will oder nicht.

Hellwach sollten Sie sein, wenn Ihnen eine Kluft zwischen Wort- und Körpersprache auffällt – etwa wenn der Kollege, der Ihren Vorschlag »interessant« nennt, dabei ein Gesicht macht, als hätten Sie ihm gerade mit dem Hammer auf den Fingernagel gehauen. Oder wenn die Kollegin, der es angeblich »ausgezeichnet« geht, ihre Schultern bei der Antwort so tief hängen lässt, dass die Heinzelmännchen darauf rodeln könnten. Meist lügen die Worte – und der Körper sagt die Wahrheit.

Die Körpersprache verrät alles, auch die Hierarchie unter den Kollegen. Achten Sie bei Meetings einmal darauf, wer die Arme ganz dicht am eigenen Körper hält und den Schreibblock auf dem Schoß jongliert, nur um keine Tischfläche zu beanspruchen (oft Kolleginnen!). Und dann werfen Sie einen Blick auf jene Kollegen, die ihre Arme fast wie bei der Morgengymnastik ausfahren und ihre Unterlagen weit über das Ufer ihres Platzes streuen. Wer sendet welche Botschaft?

Menschen sind wie Tiere: Sie haben ein Revier. Wer dringt bei wem ein? Nicht das schwache beim starken Tier (viel zu gefährlich!), sondern umgekehrt: Das Alphatier überschreitet die Grenze, um seine Dominanz zu manifestieren. Eine solche Revierverletzung bewirkt das Breitmachen beim Meeting.

Sogar beim alltäglichen Dialog geht es ums Revierverhalten. Sicher haben Sie schon beobachtet, dass einige Kollegen andere beim Sprechen anfassen. Mal klopfen sie dem anderen auf die Schulter. Dann greifen sie nach seinem Arm, um ihren Worten »Nachdruck« zu verleihen. Sie dringen ins fremde Revier ein. Der Beschützer fasst immer den Schutzlosen, der Stärkere den Schwächeren an (das ist auch der Grund, warum Sie Ihrem Chef besser nicht auf die Schulter klopfen). Wer andere anfasst, stellt sich über sie.

Solche Machtkämpfe laufen den ganzen Tag ab, unbemerkt von den einen, die arglos sind – und provoziert von den anderen, die machtgeil sind. Zum Beispiel kann es passieren, dass ein Machtmensch, wenn Sie ihm auf dem Flur begegnen, seinen Weg mit der Bestimmtheit einer Pistenraupe fortsetzt – auch wenn es zum Zusammenstoß käme. Ein Psychoduell: Wer weicht aus? Diese Symbolik mag lächerlich anmuten, aber sie sagt viel über die Rangordnung aus. Instinktiv räumt der Schwächere den Weg (Ihrem Chef würden Sie auch ausweichen) – und der Starke zieht seine Bahn.

Diese Spiele sind so gefährlich, weil man sie mitspielt, ohne sich dessen bewusst zu sein. Möglicherweise schon vor dem ersten Kaffee, morgens bei der Begrüßung. Wer grüßt wen? Wenn Sie es bislang für ein Zeichen von Höflichkeit hielten, als Erster »Guten Morgen!« zu trällern, dann prüfen Sie genau: Ist es nur ein Zufall, dass Ihnen der Gruß stets schneller als Ihrem Kollegen über die Lippen geht? Oder lässt er Sie bewusst kommen, um damit eine Rangordnung festzulegen?

Das beliebteste Psychoduell wird ausgefochten mit Blicken. Zwei Kollegen diskutieren eine Sachfrage. Dann fixiert der Machtmensch sein Gegenüber mit leicht zusammengekniffenen Augen. Der ins Visier Genommene hält den Augenkontakt zwei, drei Sekunden. Dann verspürt er ein Unbehagen – und senkt seinen Blick. Das Alphatier jubelt innerlich: Der Kollege hat sich unterworfen. Gute Voraussetzung, dass der Machtmensch nun seinen Standpunkt durchsetzt.

Oder nehmen Sie das Lächeln. Tierforscher haben herausgefunden, Affen zeigen in zwei Situationen ihre Zähne: wenn sie sich unterwerfen (dann grinsen sie) oder wenn sie ein anderes Tier einschüchtern (dann zeigen sie ihre Zähne als Waffe). Und nun malen Sie sich aus, welche Wirkung es auf den Kollegen Alphatier hat, wenn seine allzeit freundliche Kollegin zu ihm sagt: »Ich erwarte von dir, dass du dich an der Verwaltungsarbeit beteiligst.« Dann huscht ein entschuldigendes Grinsen über ihr Gesicht, das ihre Worte ins Gegenteil verkehrt.

Das Alphatier zeigt seine Hauer mit einem souveränen Siegerlächeln und kontert: »Schön, dass du noch Erwartungen hast. Aber stell sie bitte an jemand anderen. Du weißt ja, dass ich mit wichtigen Vorgängen befasst bin.« Worauf die Kollegin den Kopf einzieht (Unterwerfung), die Fußspitzen leicht nach innen dreht (sich klein machen) und leise (Unsicherheit), ansatzweise kichernd (große Unsicherheit) entgegnet: »Aber wenn du mal Zeit hast, denk bitte daran.« Das Alphatier lacht laut und schallend (Dominanz), faltet die Hände hinterm Kopf zusammen (Chefgeste), fährt die Ellbogen zur Seite (Überlegenheit) und geht wieder seines Weges.

Ich verspreche Ihnen: Wenn Sie mal eine Woche lang auf die Körpersprache achten, können Sie viel lernen. Erstaunlich, was ein Stummfilm alles erzählen kann!

Drei Irrtümer über Kommunikation

Aus welchen Gründen reden Kollegen so oft aneinander vorbei? Warum sagen sie nicht, was sie meinen, oder meinen nicht, was sie sagen? Hier drei Kommunikationsirrtümer, die wie scharfe Riffe unter der Oberfläche des Alltags lauern und die Verständigung auflaufen lassen:

1. Zuhörer hören zu

Falsch! Aus der Tatsache, dass Ihr Kollege zwei Ohren hat, dürfen Sie nie schließen, er nutze sie auch zum Zuhören – erst recht nicht, wenn Sie ihm etwas erzählen, was er nicht hören will (zum Beispiel, dass sein Terminplan nicht aufgeht). Dann steht er eine Armlänge vor Ihnen, ist aber in Gedanken zweitausend Kilometer verreist, etwa an seinen Lieblingsstrand. Und während Sie meinen, er lausche Ihren Worten, hört er dem Rauschen der Brandung zu.

Später kommt es dann zum Klassiker der Kollegendialoge:
»Das habe ich dir doch gesagt!«
»Nichts hast du gesagt.«
»Zwei Mal sogar, ganz sicher!«
»Du hast einen Knall, das wüsste ich!«
Genau in jenem Augenblick, da die erste Beleidigung herausbricht, geschieht ein kleines Wunder: Beide Kollegen legen ihre Taubheit ab und übertreffen sich im Zuhören! Jedes Schimpfwort und jede Unterstellung speichern sie auf der Festplatte ihres Gehirns und hauen sie dem Kollegen bei passender Gelegenheit um die Ohren: »Und damals hast du gesagt …«

2. Wer schweigt, hat nichts gesagt
Falsch! Zwar saß die Kollegin am Tisch, als das Großprojekt besprochen wurde. Und es lässt sich nachweisen, dass sie in drei Stunden keinen Ton von sich gab, auch auf die Frage nach den Bedenken nicht. Aber was passiert, wenn später Probleme auftauchen? Dann eilt sie wie mit dem Megaphon über den Flur und verkündet: »Das habe ich kommen sehen, dass wir mit diesem Projekt baden gehen!«
Auf die Frage, warum sie das nicht gleich gesagt habe, entgegnet sie empört: »Ist euch denn nicht aufgefallen, dass ich die ganze Zeit den Kopf geschüttelt und mit den Augen gerollt habe? Ihr wolltet nicht sehen, dass ich dagegen war.«
»Doch, das hätten wir gewollt!«
»Und warum habt ihr mich dann nicht gefragt?«
Das Schweigen bietet dem Schweiger einen unübertrefflichen Vorteil: Er kann es nachträglich als Zustimmung verkaufen, wenn eine Sache klappt – oder als Ablehnung, wenn

eine Sache scheitert. Schweigen ist die kommunikative Allzweckwaffe des Opportunisten, die sich nur durch ausdrückliches Nachfragen (»Was meinst du dazu?«) und durch das Zerstoßen windelweicher Ausfluchtphrasen (»Kann man so, aber auch so sehen ...«) entschärfen lässt.

Aber nicht nur Wendehälse, sondern alle Kollegen senden stumme Botschaften, ob sie wollen oder nicht. »Man kann nicht *nicht* kommunizieren«, sagte der Psychologe Paul Watzlawick.

3. Wer dasselbe sagt, meint auch dasselbe

Falsch! Stellen Sie sich unseren aktiven Wortschatz wie eine Farbpalette vor, in der sich eine begrenzte Anzahl von Farben befindet (ca. 5000 Begriffe). Und mit diesem Werkzeug wollen wir eine Wirklichkeit abbilden, die unendlich mehr Nuancen, Schattierungen und Töne enthält. Dabei sind alle Kollegen nur Hobbymaler, die den Sprachpinsel unbewusst schwingen, sobald sie reden, schreiben, kommunizieren.

Paul Watzlawick nennt diesen Vorgang »Digitalisierung«: Einfachste Zeichen werden aneinandergereiht, zu Wörtern, Sätzen und Bedeutungen, um komplexe Vorgänge zu transportieren. Dabei bleiben Informationen auf der Strecke. Das Sprachgemälde zeigt nicht die Wirklichkeit, es zeigt eine blasse Annäherung. Zerrbild statt Abbild.

Zu einer weiteren Verfälschung kommt es, sobald ein Kollege die Nachricht empfängt und durch den Filter seiner subjektiven Wahrnehmung laufen lässt. Seine Deutung hängt ab von Erziehung, Erfahrung und Temperament. Sie fügt eigene Farben hinzu oder sieht über andere hinweg.

Nehmen Sie den Begriff »Ordnung«. Der eine denkt an ei-

nen Schreibtisch, auf dem sich kein Blatt Papier, ja nicht mal ein ungespitzter Bleistift findet (so hat er das von seinem Vater gelernt!). Der andere denkt bei »Ordnung« nur daran, dass er seinen Aktenstapel von siebzig auf achtundsechzig Stockwerke abbauen könnte, besser morgen als heute (so kam er in seiner letzten Firma prima durch).
Stellen Sie sich vor, diese beiden Kollegen einigen sich: »Wir halten Ordnung in unserem gemeinsamen Ablagesystem.« Die nächste Sprachfrage hieße: Wie definieren sie jeweils »Mord und Totschlag«?

6 Schleimer vor dem Herrn

Buckeln und Schmeicheln, Schmieren und Heucheln – einige Mitarbeiter wollen auf der Schleimspur ins Herz des Chefs rutschen. Alle Kollegen, die ihnen dabei in den Weg kommen, rempeln sie beiseite. In diesem Kapitel lesen Sie …
- wie die Kollegen im Meeting die Kleider des nackten Kaisers bejubeln;
- welche überraschenden Auswirkungen es auf die Mitarbeiter hat, als ein Chef von Krawatte auf Fliege umstellt;
- wie ein »Klassenstreber«, der vor jeder Wortmeldung den Arm hebt, die Kollegen gegen sich aufbringt
- und was ein »Kleines Lexikon der Heuchelei« alles verrät.

Es lebe der nackte Kaiser!

Kennen Sie die Geschichte vom Kaiser, der neue Kleider kauft, vor seine Höflinge tritt und bestaunt und bewundert wird? Doch als ihn das Volk sieht, ist das Gelächter groß: Der Kaiser ist splitternackt! Keiner seiner Höflinge hatte den Mut, ihm die Wahrheit ins Gesicht zu sagen!

Dieses Spiel läuft in den Firmen jeden Tag ab. Sicher haben Sie es schon erlebt, dass ein Chef Liefertermine zusagt, Produkte einführt, Werbekampagnen fährt, Fusionen plant oder neue Märkte ansteuert, während seine Mitarbeiter längst wissen: Das geht schief! Denn sie, die »Höflinge«, sprechen jeden Tag mit den Kunden, kennen den Markt im Detail und haben live miterlebt, wie der letzte Chef über ähnliche Mätzchen gestolpert ist.

Aber welcher Mitarbeiter wagt es, dem Kaiser die Wahrheit zu sagen? Die Kollegen teilen sich in drei Gruppen: in solche, die ihre Bedenken äußern – sie gelten beim Chef als »Miesmacher« –, in solche, die sich ihren Teil denken – sie gelten beim Chef als Mitläufer –, und in solche, die den Irrweg bejubeln – sie gelten beim Chef als seine Leute.

Vor einigen Jahren habe ich ein mittelständisches Unternehmen der Druckbranche beraten. Man überlegte, einen Teil des Geschäfts nach Osteuropa zu verlagern. Schon bei der ersten Sitzung fiel mir auf: Der Prokurist war von seiner eigenen Idee so begeistert, dass er rhetorische Schlingen nach seinen Höflingen warf: »Finden Sie nicht auch …«, »Sicher sind Sie mit mir einer Meinung …« und »Kein vernünftiger Mensch wird bestreiten …«

Am Tisch saßen vier Abteilungsleiter: ein älterer, der kurz vor der Rente stand, und drei jüngere, die noch Karriere machen wollten. Zwei der jüngeren taten alles, um ihrem Chef zu gefallen. Jedes Mal, wenn er gesprochen hatte, stießen sie ins selbe Horn und schwärmten von »Wettbewerbsfähigkeit« und »Kostenreduzierung«, von »Preisschlacht« und »Globalisierung«. In ihren Jubelgesängen lautete die Frage nicht mehr, ob die Auslagerung sinnvoll sei, sondern nur noch, wann sie stattfinden sollte: heute Abend oder doch erst morgen früh?

Am Ende ihrer Wortbeiträge sahen sie den Chef an, bis dieser durch ein Kopfnicken oder zustimmende Worte (»Völlig richtig!«) zu erkennen gab: fein gemacht! Oft nahm er diese Steilvorlagen auf und bekräftigte seine Argumente noch einmal. Dieses rhetorische Doppelpass-Spiel trieb den Ball immer mehr in die gewünschte Richtung, hin zur Auslagerung.

Nur einer am Tisch, der ältere Abteilungsleiter, widersprach: »Warum kommen die Kunden eigentlich zu uns? Wir sind nicht die Billigsten – wir sind die Besten. Diese Qualität werden wir in Osteuropa nicht halten können.«

Seine beiden jungen Kollegen gifteten ihn an. »Quatsch«, rief der eine, »das ist Denken von vorgestern.« Und der andere pflichtete bei: »Der Chef sagte doch schon, dass Qualität keine Frage des Standorts ist. Du hast noch nicht verstanden, wo die Zukunft spielt – nicht mehr in Deutschland, sondern in Osteuropa!«

Der ältere Kollege ließ sich nicht aus der Fassung bringen: »Aber ich habe wohl verstanden, dass etliche Betriebe aus der Branche schon das Gleiche versucht haben – und damit auf die Nase gefallen sind.«

»Aber du kannst unsere Firma doch nicht mit solchen Dilettanten vergleichen«, rief Jüngling eins. Und Jüngling zwei fügte hinzu: »Das ist keine Frage der Lokalität, das ist eine Frage der Führung.« Bei den letzten Worten wanderte sein Blick zum Chef, der zufrieden schmunzelte. Das Selbstbild des Prokuristen, nach dem er der Größte und die Auslagerung eine tolle Idee war, wurde einmal mehr bestätigt.

Ich versuchte, das Gespräch zu moderieren, und schaute den vierten, bislang schweigsamen Abteilungsleiter an: »Wie sehen Sie die Sache?« Er holte tief Luft, als wollte er Dampf ablassen, doch dann biss er sich offenbar auf die Zunge: »Ich denke, es ist schon alles gesagt.« Er spürte, dass Kritik auf dieser Party nicht erwünscht war.

Hier sollte keine Entscheidung gesucht und diskutiert, hier sollte ein heimlich bereits gefällter Beschluss legitimiert werden. Die beiden ehrgeizigen Abteilungsleiter hatten das begriffen, sie redeten dem Chef nach dem Mund. Wahrscheinlich hätten sie auch eine Auslagerung auf den Mond befürwortet, wenn der Prokurist es hätte hören wollen.

Neben diesen Jubelpersern machten die beiden anderen Kollegen keine gute Figur: Der Schweiger fiel auf, weil er die Euphorie verweigerte (der Chef sah ihn mehrmals missbilligend an); der ältere Kollege, weil er mit seinen Gegenargumenten querschoss (der Chef ignorierte seine Beiträge völlig).

Der Prokurist wollte keine Bedenken hören, nur Bravorufe für seine Pläne. Seine beiden treuen Hofhunde verrichteten die rhetorische Drecksarbeit: Sie schnappten den älteren Kollegen an der empfindlichsten Stelle, indem sie nicht auf seine Argumente eingingen, sondern ihn als Mann von vorgestern, als Opi ohne Ahnung von der Zukunft diffamierten. Dabei hätte gerade seine Erfahrung zu einer besseren Entscheidung beitragen können.

Die Höflinge jubelten dem nackten Kaiser zu. Sie zerstreuten die Risiken der Auslagerung mit einer Lässigkeit, dass ich an einen Ausspruch des Schauspielers Peter Ustinov denken musste: »Die letzte Stimme, die man hört, bevor die Welt explodiert, wird die Stimme eines Experten sein, der sagt: ›Das ist technisch unmöglich!‹«

Wenn die Fliegen schwärmen

Die Idee war so gut, dass sie nur einen Fehler hatte: Sie war nicht mir eingefallen, sondern meinem Trainerkollegen Fred Maro. Der wollte einem starrhalsigen Chef zeigen, wie groß dessen Einfluss auf die eigene Belegschaft war – nicht nur durch das, was er sagte, sondern auch durch das, was er jeden Tag vorlebte.

Aber wie sollte mein Trainerkollege diesen Beweis führen? Etwa die Mitarbeiter fragen: »Wer von Ihnen gibt zu, dass er den ganzen Tag nichts anderes tut, als den Chef zu kopieren?« Alle hätten empört den Kopf geschüttelt. Alle hätten sich zugesprochen, nicht unkritisch zu sein und eigene Arbeitswege zu gehen.

Und was hätte der Chef auf Nachfrage behauptet? Dass er »durchaus kritische Mitarbeiter« habe! Schließlich wollte er als demokratische Führungskraft gelten – und nicht als verstaubter Diktator, der sich umschwänzeln ließ von Kopfnickern und Speichelleckern (auch wenn für den objektiven Betrachter alles danach aussah!).

Es gab nur einen Weg, wie Maro den Boss überzeugen konnte: Er brauchte Beweise, die sich einfach nicht leugnen ließen. Also schlug er dem Chef vor: »Wären Sie bereit, ab morgen keine Krawatten mehr zu tragen – sondern Fliegen?«

Der Vorgesetzte verstand zwar nicht, worauf Fred Maro hinauswollte. Aber er wollte kein Spielverderber sein und stimmte zu.

Was jetzt geschah, hätte er sich nicht träumen lassen: Nach ein paar Tagen tauchte der erste Mitarbeiter ohne Krawatte auf. Er trug – eine Fliege! Es blieb nicht bei diesem einen Nachahmer: Mit der Zeit schwirrte ein ganzer Fliegenschwarm durch die Firma. Jedem Krawattenfabrikanten wären die Tränen gekommen!

Anscheinend laufen zwischen Chefs und Mitarbeitern ähnliche Prozesse ab wie zwischen Eltern und Kindern: Auf der einen Seite neigen die Machtlosen dazu, sich über die »Großen« lustig zu machen. Beim Lästern unter ihresgleichen beklagen sie Spießigkeit und Muff, schlechten Führungsstil und Großmannssucht. Wer möchte schon ein Abziehbild seiner Eltern, wer eine Kopie seines Chefs werden?

Eine solche Trotzreaktion, wie sie in der Erziehung vor allem Jugendliche zeigen, dient der seelischen Gesundheit: Statt mit der Autorität zu verschmelzen und sich als Persönlichkeit zu verlieren, grenzen sich die Pubertierenden ab. Dahinter steht auch die Angst, dem Vergleich mit dem Vorbild nicht gewachsen zu sein.

Die sehzehnjährige Tochter, die Lumpen trägt und sich eine Ratte auf den Oberarm setzt, muss sich mit ihrer allzeit schicken Mutter nicht *direkt* vergleichen lassen – alle Welt soll sehen: Sie grenzt sich von den Eltern und deren Erwartungen ab. »Jugend will, dass man ihr befiehlt, damit sie die Möglichkeit hat, nicht zu gehorchen«, hat Jean-Paul Sartre dieses Trotzen auf den Punkt gebracht.

Aber was tun etliche Kinder, sobald sie erwachsen sind? Mit Vorliebe ergreifen sie dieselben Berufe wie die Eltern, ziehen in eine vergleichbare Reihenhaussiedlung und erwärmen sich sogar für dieselbe Automarke wie Papa (sobald sie sich diese leisten können!). Manchmal gleichen sich sogar die Frisuren und Figuren so gespenstisch an, dass Bekannte der Eltern entzückt rufen: »Mensch, ganz wie die Mama vor dreißig Jahren!«

Autoritäten, sosehr man sie kritisiert, dienen als Vorbilder. Das gilt auch für den Chef! Im verstecktesten Winkel ihres Herzens hegen viele Mitarbeiter die Sehnsucht: »Ich bin klein, mein Wunsch ist klein: Einmal so wie ›Chefi‹ sein!«

Würde das einer zugeben? Niemals! Die meisten tun so, als wären sie Pubertierende, als wollten sie ihr eigenes Ding machen – erst recht in Gegenwart ihrer Kollegen, von denen man ahnt, dass sie wie eifersüchtige Geschwister ebenfalls um die Gunst des Chefs buhlen. Sie tarnen ihre Ambition, indem sie sogar beim Lästern mitmachen.

Aber heimlich gieren viele Kollegen danach, von ihrem Chef, der sie so oft übersieht, endlich gesehen zu werden; von ihm, der sie so oft kritisiert, endlich gelobt zu werden; von ihm, der sie so oft verkennt, endlich anerkannt zu werden, geschätzt, gewürdigt, vielleicht sogar: geliebt!

Diese Sehnsucht hat auch praktische Gründe: Wer entscheidet darüber, ob ein Mitarbeiter eine Abmahnung oder eine Belobigung bekommt, eine Beförderung oder eine Degradierung, eine Gehaltskürzung oder eine Gehaltserhöhung? Wer kann ihn zur tollsten Fortbildung, aber auch auf die Straße schicken? Der Chef stellt die Weichen einer Karriere. Wer es sich mit ihm verdirbt, hat verloren.

Und so bricht unter den Kollegen ein heimlicher Wettlauf um die Gunst des Chefs aus: Jeder will ihn auf seine Seite ziehen, will unter seinen zahlreichen Mitarbeiter-Geschwistern als *das* Lieblingskind gelten. Dieser Wunsch nach Anerkennung kann zur Droge werden, den Mitarbeiter zum Junkie machen und zu einer ganz besonderen Form der »Beschaffungskriminalität« führen: zur Schleimerei vor dem Herrn!

Der Klassenstreber

Eine Szene wie im Klassenzimmer. Auf die Frage des Abteilungsleiters hin, wer einen Vorschlag zur neuen Werbekampagne zu machen habe, will die Runde gerade mit dem Nachdenken beginnen. Doch ein Arm, der blitzschnell nach oben schießt, und zwei Finger, die heftig aneinanderschnippen, bremsen die Kollegen aus. Der Abteilungsleiter nickt dem Blitzdenker zu: »Nun, Herr Geiger, wie sieht Ihre Idee aus?«
Immer wieder dasselbe! Der Werbekaufmann Albert Geiger (43) tat alles, um als hellster Stern am Himmel seines Chefs zu strahlen. Sein Repertoire an Imponierübungen war ebenso beeindruckend wie von Rücksichtslosigkeit gekennzeichnet. Zum Beispiel verschickte er Mails an die Kollegen, in denen er »dringenden Gesprächsbedarf« über Projekte anmeldete. Das tat er mit Vorliebe nach 20 Uhr, wenn außer ihm niemand mehr im Büro war. Beiläufig hieß es dann am Ende: »Wir können die Sache ja besprechen, sobald du morgen früh wieder im Büro bist.«
Die wahre Botschaft stand zwischen den Zeilen: Er machte später als die Kollegen Feierabend und kam früher ins Büro. Er war ja so fleißig, so engagiert, so selbstlos, der ideale Mitarbeiter schlechthin. Diese Botschaft sollte nur einen Menschen dieser Erde erreichen, den er in den Verteiler setzte: seinen Chef!

Auch jetzt, nachdem sein schnippender Finger das Wort erobert hatte, ging er seiner liebsten Sportart nach: Er redete dem Chef, Herrn Eilbert, nach dem Mund: »Also, Herr Eilbert, ich möchte da an Ihre Anregung aus der letzten Woche anknüpfen: Sie hatten uns mit einleuchtenden Argumenten erklärt, wie sich die Käufer noch zielgenauer ansprechen lassen. Dieses innovative Konzept habe ich als Grundlage genommen, um …«

Nun berichtet er von Forschern, die er gesprochen, von Experimenten, die er unternommen, und nicht zuletzt von Erfolgen, die er unter Überwindung allergrößter Hindernisse seit dem letzten Meeting erzielt habe. Niemand hatte ihn dazu aufgefordert. Doch er liebte es, mit allergrößter Bugwelle übers Ziel hinauszuschießen, nur um von Herrn Eilbert als Lieblingsschüler belobigt zu werden.

Eine Kollegin kam ebenfalls auf den Vorschlag des Chefs zurück und meldete in einem Detail Bedenken an. Eifrig schoss Geigers Arm nach oben: »Also das würde ich jetzt nicht so kritisch sehen! Wir sollten diese ausgezeichnete Idee nicht verschlimmbessern. Denn der innovative Ansatz besteht doch gerade darin, dass …« Mit solchen Bemerkungen brachte er sich als treuen Paladin in Position. Und seine Kollegen brachte er als Meuterer in Verruf, indem er ihre Kritik am Chef überbetonte.

Die Kollegen hatten sich einen Spitznamen einfallen lassen: Sie nannten ihn »Schneckchen«, um seine Schleimspur anzudeuten. Der Name war fast zu nett, denn Geiger scheute vor nichts zurück. Einmal saßen die Kollegen in der Kantine zusammen. Alle waren sauer über eine Entscheidung des Chefs. Ein Kollege sagte: »Der hat sie doch nicht alle, dieser alte Ausbeuter!« Noch am selben Nachmittag wurde er ins Chefbüro gerufen (»Sie halten mich also für einen Ausbeuter!«) und zusammengefaltet. Geiger hatte als Einziger in der Lästerrunde nicht den Mund, sondern offenbar nur die Ohren geöffnet.

Aber musste sein Chef diese Schleimerei nicht durchschauen? Nein, denn bei jeder Gelegenheit hielt er den anderen Mitarbeitern vor: »Wenn Sie doch nur auch ...« Und jetzt kamen diverse Einzelteile aus seinem »Geiger-Lob-Baukasten« zum Einsatz, etwa: »... wie Herr Geiger die Ideen verstehen; wie Herr Geiger Überstunden machen; wie Herr Geiger den Dingen auf den Grund gehen; wie Herr Geiger meinen Entscheidungen vertrauen würden ...«

Der Chef war ein Tyrann vom alten Schlage: Er verlangte bedingungslose Gefolgschaft. Aber auf welche Mitarbeiter konnte er sich verlassen? Die meisten scheuten vor nichts zurück, nicht einmal vor Majestätsbeleidigung, also vor heimlicher Kritik an ihm.

Anders Herr Geiger! Dieser Mitarbeiter, das wusste er, würde alles für ihn tun – sich in Stücke reißen oder durch die Hölle gehen.

Albert Geiger ist kein Einzelfall: In jeder Firma gibt es Kollegen, die vor lauter Buckelei zum Orthopäden müssten. Mit dieser Strategie lässt sich umso mehr Karriere machen, je autoritärer geführt wird.

Schauen Sie mal genau hin, wen Chefs zu ihrem Stellvertreter erheben – den Treusten der Treuen! Einen, der für sie Meineide schwören, Bilanzen fälschen, Kollegen aushorchen, jedes Tabu brechen und jede Untat begehen würde. Diese Loyalität bewerten sie höher als intellektuelles Gewicht, denn davon bringen Chefs am liebsten mehr als ihr erster Diener auf die Waage.

Wer auf die Gunst des Chefs hofft, wird leicht zum schleimenden Günstling. Da wären: Assistenten der Geschäftsleitung, die auf den nächsten Karriereschritt lauern; Chefsekretärinnen, die sich mehr Macht wünschen; Fachkräfte, die nach ihrem Traumprojekt greifen; Abteilungsleiter, die endlich in die erste Führungsliga aufsteigen wollen.

Doch das Pendel kann gegen sie zurückschlagen. Mir wurde die Geschichte eines Assistenten erzählt, der dauernd Kollegen beim Chef verpfiff. Eines Tages – er war gerade in der Mittagspause – schlich sich ein Kollege an seinen Computer und schrieb dem Chef, unter dem Namen des Assistenten, eine Mail: »Gerade weil ich Sie so schätze, halte ich es für meine Pflicht, Sie auf einige Schwächen Ihres Führungsstils hinzuweisen. Also, da wären …:« Es folgte eine ellenlange Mängelliste.

Der Chef reagierte so, wie es zu erwarten war: Noch im Nebenbüro hörte man ihn brüllen. Der Streber bekam seine Abreibung – und die Kollegen rieben sich die Hände!

Kleines Lexikon der Schleimerei

Kriechen ist eine Kunst! Wie gehen Kollegen vor, die eine so dicke Schleimspur ziehen, dass ein umgekippter Eimer Tapetenkleister daneben gar nichts ist? Mit welchen Tricks bringen sie sich als Hofdiener ihres Königs in Position? Und wie ihre Kollegen in Misskredit? Das folgende »Kleine Lexikon der Schleimerei« verrät Ihnen augenzwinkernd, aber nicht ohne wahren Kern, wie Schleimer ticken.

Anpassung: Kriecher dienen dem Chef in allen Gestalten: als Boxsack, wenn er sich abreagieren will; als Jubelperser, wenn er Zustimmung braucht; und als Sprengstoff-Entschärfer, wenn er sich an einem Vorgang nicht die Finger verbrennen will. Sie sind nicht sie selbst – sie sind, was der Chef gerade von ihnen erwartet.

Bescheidenheit: Mehr Gehalt? Wozu? Weniger Überstunden? Ach was! Eine neue Planstelle? Bloß nicht! Was seine Kollegen fordern, meist mit Recht, lehnt der Schleimer ab, meist mit Kalkül. Die anderen sollen gierig wirken – er wie ein Muster an Bescheidenheit!

Chefanbetung: Der Schleimer betet seinen Vorgesetzten an. Der Chefwille soll geschehen, wie in der Geschäftsleitung so im Außenhandel. Die Forderung nach dem täglichen Brot – siehe Bescheidenheit – verkneift er sich jedoch. Dafür bittet er um die Vergebung, auch wenn er keine Schuld auf sich geladen hat.

Delegier-Bettelei: Keine Arbeit ist so widerlich, dass der Kriecher sich nicht dafür beim Chef andienen würde. Sondermüll entsorgen, Dokumente fälschen, Kollegen vor dem Arbeitsgericht verraten: kein Problem. Erst kommt der Chef – dann kommt die Moral.

Ergebenheit: Der Ergebene liefert sich dem Chef so bedingungslos aus, als würde ein Futtertier freiwillig in den Löwenkäfig spazieren. Er ist das Opfer auf dem Chefaltar. Er lässt seine Arbeitsenergie verschlingen und seinen Charakter zerfetzen, bis er als Person unkenntlich wird – und eins mit dem Universum, eins mit dem Chef.

Fesselfetisch: Wo der Chef ist, dort ist er. Wo er ist, dort ist der Chef. Als wären die beiden aneinandergefesselt. In

Gegenwart seines Meisters fühlt sich der Kriecher zwanzig Zentimeter größer – und dreimal so wichtig wie Kollegen, die Abstand halten (müssen). Wahrscheinlich würde er seinen Boss sogar auf die Toilette begleiten, müsste er derweil nicht dessen Aktentasche bewachen.

Glanzlosigkeit: In Gegenwart der Kollegen putzt sich der Schleimer als Musterschüler heraus. Doch an der Seite seines Chefgurus glänzt an ihm nur noch der silberne Kugelschreiber, den er diesem ergebenst reicht. Er ist der Mann im Schatten des Rampenlichts; er will dem Boss nicht die Schau stehlen!

Heuchelei: Ein Chef-Umschwänzler teilt immer die Meinung seines Chefs. Und wenn er sie einmal nicht teilt, etwa weil er selbst entlassen werden soll, ist er loyal genug, so zu tun, als ob. Heuchelei bis zur Selbstaufgabe und darüber hinaus!

Ja-Sagerei: Schleimer geben dem Chef immer ihr Jawort, auch wenn sie's nicht halten können. Chef: »Ist das noch zu schaffen?« – »Ja!« – »Finden Sie meine Idee gut?« – »Ja!« – »Werden wir Weltmarktführer?« – »Ja!« Nur auf eine Frage, die ihre Kollegen bejahen, reagieren sie anders: »Sehen Sie da ein Problem?« – »Nein!«

Kleinmacherei: Der Kriecher tut alles, um sich kleiner und den Chef damit größer zu machen. Er sagt zu Ideen und Taten des Meisters: »Da wäre ich nie draufgekommen!« oder: »Ihren Mut möchte ich haben.« Das betont die eigene Nichtigkeit – und die Wichtigkeit des Chefs.

Leibeigenschaft: Hartgesottene Schleimer dienen dem Chef auch privat. Sie graben seinen Garten um, wienern sein Auto und geben seinen unartigen Kinder Nachhilfe in ihrem eigenen Lieblingsfach: in bedingungslosem Gehorsam. Der Chef pfeift sie mit einem ähnlichen Kommando wie seinen Schäferhund herbei. Nur führt er sie an der engeren Leine.

Mitgefühl: Das Mitgefühl des treuen Paladins geht so weit, dass er jede Niederlage seines Chefs als eigene verbucht – so wie ein Fußballfan, wenn sein Club verliert. Schuld an der Schlappe sind: der Markt, die Kollegen, das Horoskop – doch nie der Chefheilige selbst!

Nur-Sagerei: Wenn ein Schleimer es wagt, in Gegenwart des Chefs einen eigenen Gedanken zu äußern, nimmt er diesen beim Aussprechen schon wieder zurück: »Ich wollte nur anmerken ...«, »Ich hatte nur eine Idee ...« – »Nur« heißt: »Natürlich, verehrter Chef, rede ich Blödsinn – radiere meine Worte mit deiner Klugheit aus!« Das passiert dann auch immer.

Ostfront-Mentalität: Auch wenn die Schlacht verloren ist, der Schleimer unter der Arbeit fast zusammenbricht, ein Termin wie ein ICE auf ihn zurast und sein Herzinfarkt »Hallo!« sagt: Nie würde er die Waffen strecken. Zu groß ist die Verlockung, für den Chef in die ewigen Jagdgründe gehen zu dürfen – und vorher noch einen Tapferkeitsorden zu bekommen.

Petzbereitschaft: Kollegen lästern, stibitzen Büromaterial, runden Reisespesen auf. Und wer flüstert es dem Chef ins Ohr? Sein Geheimagent 00 Doppel-S: Schleimer und Spion – in einer Person.

Quallenarme: Der Schleimer reißt Arbeiten mit Quallenarmen an sich und hält sie so fest, dass kein anderer Kollege eine Chance hat – sofern es Arbeiten aus der Hand des Chefs sind. Eifersüchtig wacht er darüber, dass kein Kollege in den Genuss einer »Chefsache« kommt – zur Not wird er zur Giftqualle!

Rastlosigkeit: Mittagspause? Feierabend? Urlaub? Machen nur die Kollegen. Der Schleimer kennt keine Rast! Am liebsten lockt er den Chef ins Großraumbüro, wenn er dort ganz alleine sitzt. Chef: »Wo sind denn die anderen?« Er (im Ton des Märtyrers): »Das frag ich mich allerdings auch!«

Schleimerei: Er schmiert dem Chef so viel Honig um den Bart, dass die Imker vor der Tür – Stichwort »Zweitverwertung« – schon Schlange stehen. Seine Komplimente an den Chef fallen stets zwei Nummern größer aus, als man es gerade noch für vertretbar hielte. Zum Beispiel bezeichnet er alltägliche Ideen als »absolut genial«. Wer nach ihm ins Chefbüro geht, rutscht garantiert aus. Auf der Schleimspur.

Taubheit: Eigentlich hört er vorzüglich auf den Chef. Doch wenn er hört, was er nicht hören soll, etwa ein Geschäftsgeheimnis, dann hat er es nicht gehört. Er ist so diskret, wie es nur geht – es sei denn, er kann die Kollegen beim Chef anschwärzen. Das ist etwas anderes!

Überstunden-Hunger: Er winselt nach zusätzlicher Arbeit wie ein Hund nach seinem Futter. Die beste Stunde für ihn heißt: Überstunde. Wenn ihn nicht gerade ein Erdbeben aus dem Gebäude treibt – oder auch dann! –, wartet er mit seinem Feierabend ab, bis er den Chef mit einem Bückling verabschiedet hat. Nur die treusten Matrosen gehen erst nach dem Kapitän von Bord.

Vorsagen: Ein wichtiges Meeting. Fünf Geschäftspartner

sitzen am Tisch. Da verliert der Chef den Faden: »Was wollte ich jetzt sagen?« Die große Stunde des Schleimers! Er, der jedes Wort des Chefs auswendig kann, springt ein: »Sicher wollten Sie darauf hinaus, dass ...« – »Stimmt, danke!«, sagt der Chef. Und der Arbeitstag, ach was: das Arbeitsjahr des Schleimers ist gerettet!

Wendigkeit: Vor allem *ein* Körperteil muss beim Schleimer sehr beweglich sein: Er braucht einen Wendehals. Nur so kann er auf die Kehrtwendungen des Chefs reagieren und heute Beschlüsse bejubeln, die gestern noch als »irrsinnig« gegolten hätten – zum Beispiel eine Fusion. Dagegen sind Mitarbeiter, die den Chef an sein Geschwätz von vorgestern erinnern, bei diesem etwa so beliebt wie der Steuerprüfer.

Zuhör-Masochismus: Die Monologe des Chefs – ein einziges Schlafmittel. Aber nur für die Kollegen. Während sie einnicken, ist der Schleimer am Kopfnicken. Und klebt an den Lippen seines Hirten, als würde er der Bergpredigt lauschen – und nicht der aufgewärmten Fassung einer Motivationsrede, die noch genauso schlecht wie die vor fünfzehn Jahren ist.

7 Kleine Drachenkunde: Sekretärinnen

Schildkröten haben einen Panzer – Bosse haben eine Sekretärin. An ihr prallt ab, was den Chef nicht erreichen soll. Das Vorzimmer kann eine Vorhölle sein – aber nicht nur für die Kollegen, auch für die Chefsekretärin selbst. In diesem Kapitel lesen Sie …
- warum gerade Chefs, die zwei linke Hände haben, ihre »rechte Hand« vergöttern;
- warum Sekretärinnen ihrem Chef mit den Jahren immer ähnlicher werden;
- wie eine Vorzimmer-Soldatin für ihren Vorgesetzten Meineide vor Gericht schwört
- und weshalb die Grenzen zwischen Arbeitsdienst am Schreibtisch und Liebesdienst im Bett so fließend sind.

Vorgeschmack im Vorzimmer

Was wäre ein Chef ohne Sekretärin? Arm dran wäre er! Wer sollte seine Termine jonglieren, seine Briefe schreiben, lästige Besucher wegbeißen und ihn auf den zehnten Hochzeitstag nicht nur hinweisen, sondern auch noch einen Rosenstrauß auf Firmenrechnung besorgen?

Was wäre eine Sekretärin ohne Chef? Auch arm dran! Sie würde schrumpfen auf ein Maß, das ihr gar nicht gefiele, auf das Maß einer *einfachen* Kollegin. Dabei will sie mehr sein:

eine »rechte Hand des Chefs«, die alles anpackt, was ihm sonst entglitte. Als wäre der Chef ein großer Junge mit zwei linken Händen, der sich ohne ihre Hilfe nicht mal die Schuhe binden kann. Das trifft oft zu!

Die Chefsekretärin will nicht im letzten Waggon des Firmenzuges sitzen wie ihre Kollegen, sondern vorne in der Lok, wo sie die Richtung der Reise erkennen kann. Wenn eine Fusion droht, die Geschäftspolitik wechselt oder Entlassungen anstehen – sie sieht die Weichenstellung, sie weiß früher als der Rest Bescheid.

Sekretärinnen tun alles, um ihr Ansehen zu mehren. Dafür schütteln sie sogar ihre Berufsbezeichnung ab und nennen sich »Büromanager«. Dieser Titel soll unterstreichen, dass sie ihren Job nicht nur mit den Fingern machen, sondern vor allem mit dem Kopf.

Welche Typen von Sekretärinnen gibt es? Stimmt es, dass viele Drachen darunter sind, wie böse Kollegenzungen behaupten? Und wer hat in der Chefetage das Sagen: die Bosse, wie es offiziell heißt? Oder die Sekretärinnen, wie es alle ahnen? Hier eine »kleine Drachenkunde«:

Die Geklonte

Sie übernimmt von ihrem Chef alles, was sich übernehmen lässt, seine Redensarten genauso wie seine Unarten. Sie wedelt, wie er, drohend mit dem Zeigefinger, wenn ihr jemand widerspricht. Sie sagt, wie er, »international business«, wenn sie das Auslandsgeschäft meint. Und sie trüge, wie er, einen fein gestutzten Schnurrbart, wenn die Hormone nur mitspielten.

In einem Punkt unterscheidet sie sich doch von ihm: beim Gehalt. Doch nicht so sehr, wie es die meisten Kollegen denken: In Frankfurt verdient eine durchschnittliche Chefsekretärin rund 55 000 Euro (so eine Kienbaum-Studie). Damit hängt sie etliche High Potentials ab.

Am liebsten macht sie sich zum Sprachrohr ihres Vorgesetzten. Dabei nimmt sie sich so wichtig, als würde sie die Zehn Gebote vom Berg Sinai verkünden: »*Wir* wollen, dass der Auftrag bis zum nächsten Dienstag erledigt ist!« Das »Wir« soll sagen, dass sie mit dem Chef untrennbar verbunden, ja gewissermaßen der Chef persönlich *ist*.

Dient sie einem Manager, der seine Truppen mit einem »Wird's bald!« vor sich hertreibt, bellt sie bald dieselben Worte. Vor allem in die Richtung von Kollegen, die sie für unwichtiger als sich selbst hält – also in alle Richtungen, sogar gegenüber den Stellvertretern ihres Chefgottes.

Ihre große Stunde schlägt, wenn der Boss für drei Wochen in den (natürlich von ihr organisierten!) Jahresurlaub auf die Malediven fliegt. Dann kommt es zu einer heimlichen, ja unheimlichen Machtergreifung durch sie. Ihr Kommando »Wird's bald!« springt aus sämtlichen Telefonmuscheln, flutet die E-Mail-Postfächer und hallt in den Ohren derer, die sie zum Appell vorlädt.

Sie hört dieselbe Musik wie der Chef, trinkt denselben Wein, wählt dieselbe Partei und leidet unter denselben Krankheiten: unter Führungsfieber und Wichtigkeitsgeschwüren. Wenn der Chef eines Tages entlassen wird, folgt sie ihm in ein neues Firmenreich.

Und wenn nicht? Dann legt sie ihre Identität an der Garderobe wie einen Mantel ab und schafft es, sich in wenigen

Tagen auf einen neuen Chef einzustellen. Danach sagt sie zu den Kollegen nicht mehr »Wird's bald!« – sondern »Dalli, dalli!«.

Die Bissige

Wer schon mal einen Bauernhof besucht hat, kennt das Gefühl: Man will gerade das Tor öffnen, da fliegt einem ein Geschoss von fünfzig Kilo entgegen, prallt vom Zaun ab und bellt sich die Seele aus dem Leib. Seine weißgelben Zähne, umflossen von Speichel, sind doppelt so lang wie ein Dolch und dreimal so gefährlich. Besucht man einen solchen Hof ohne Ankündigung? Bloß nicht! Taucht man dort öfter als nötig auf? Niemals!

Damit ist das Prinzip beschrieben, nach dem etliche Manager ihre Vorzimmer-Sekretärin einsetzen: Sie soll unliebsame Besucher vom Hof jagen. Ihr Bellen besteht aus einer Frage: »Haben Sie überhaupt einen Termin?« Wer jetzt verneinen muss, kommt an ihr nicht vorbei, auch wenn er den Chef vor einer Zeitbombe unterm Schreibtisch warnen will.

Wer stolz wie Oskar »ja« sagen kann, den fragt sie: »Wann hat er Ihnen das zugesagt?« Es gibt drei Möglichkeiten, wie sie diesen Satz betonen kann. Entweder die Betonung liegt auf dem »Wann«, will heißen: »Was vor drei Tagen gegolten hat, ist heute überholt.« Oder die Betonung liegt auf dem »Ihnen«, will heißen: »Ich kann mir nicht vorstellen, dass ein Gernegroß wie Sie eine Audienz bekommt.« Oder die Betonung liegt auf »zugesagt«, will heißen: »Da haben Sie ihn sicher falsch verstanden, wahrscheinlich hat er Sie nur gebeten, sich bei seiner Sekretärin, also mir, einen Termin zu holen.« In allen drei Fällen bleibt die Cheftür für den Besucher verschlossen wie ein Millionärstresor in Zürich.

Es gibt die bissige Sekretärin in zwei Ausführungen: einmal der ruppige Typ, der aussieht wie ein weiblicher Baseballspieler, der sich ins Vorzimmer verirrt hat, gerne auch mit Damenbart (besonders beliebt im Mittelstand). Ihr Vorzug ist, dass schon ihr Anblick höchste Werte auf der Abschreckungsskala erreicht und zudringliche Kollegen in die Flucht schlägt.

Die zweite Ausführung, eher in Konzernen beliebt, ist der Typ »Topmodel«. Diese Sekretärin ist so attraktiv, dass sie jeden Besucher wieder zur Tür hinausflirtet, zur Not, indem sie im Minirock vorangeht. Aber sie kann auch anders, gerade gegenüber Besucherinnen: Ihre langen Fingernägel sind wie geschaffen für den Nahkampf mit jeder Angreiferin, die ihren Chef belästigen, also: sprechen will.

Die Nibelungentreue

Sie hat ihren großen Auftritt im Zeugenstand, wenn der Herr Vorstandsvorsitzende angeklagt wird, etwa weil er ein paar Millionen Euro auf sein Privatkonto geschaufelt hat. Das krumme Dring, mutmaßt der Richter, sei über das Chefsekretariat gedreht worden.

Aber sie, die Sekretärin? Kann sich an nichts erinnern! »Ich weiß nur ganz sicher, dass mein Chef so etwas nie getan hätte.« Sie legt eine kunstvolle Pause ein, sieht den Richter mit schwarzen Kulleraugen an, die wie Ölkleckse in ihrem Gesicht schwimmen, und fügt hinzu: »Hören Sie, Herr Richter: Nie, nie, niemals!« Dann schaut sie zur Anklagebank und streichelt ihren armen Chef mit Blicken. Wie gerne würde sie mit ihm jetzt den Platz tauschen! Denn das hat er, dieser Prachtchef, nun wirklich nicht verdient!

Der Richter redet auf die Nibelungentreue ein: »Wissen Sie, was ein Meineid ist?«

»Ja, das Wort ist mir geläufig.«

»Wollen Sie Ihre Aussage noch einmal überdenken?«

»Nein.«

Der Richter atmet tief durch und unternimmt einen letzten Anlauf: »Bitte denken Sie daran, dass die Millionen nicht auf Ihr Konto geflossen sind, sondern auf das Ihres Chefs.«

»Er würde nie etwas nehmen, was ihm nicht zusteht.« Ihr zärtlicher Blick wandert wieder zum Chef, streichelt ihn. Der Richter seufzt.

Am Ende wird der Manager schuldig gesprochen. Er muss eine Strafe zahlen, die für ihn als Millionär nicht schwerer als ein Parkuhr-Cent wiegt.

Die Nibelungentreue aber wird des Meineids überführt und so heftig zur Kasse gebeten, dass ihr Girokonto ins Minus rutscht.

Doch an ihrer Einstellung ändert das nichts: Wie bisher wird sie zu ihrem Chef halten und alles tun, was er von ihr verlangt. Wenn's sein muss, verschafft sie ihm ein Alibi bei Seitensprüngen (»Er ist auf Geschäftsreise!«) oder produziert am Farbkopierer Dollars – es wird schon seine Richtigkeit haben, wenn *er* es wünscht.

Wer sich als Kollege mit ihr unterhält, darf den Boss bejubeln, vergöttern oder sogar die Gründung eines Fanclubs vorschlagen. Nur Kritik an ihm, auch die leiseste, darf er nicht üben; das wird als Gotteslästerung gewertet, sofort weitererzählt und führt zu Blitz und Donner.

Der Betthase

Chefsekretärinnen haben, verglichen mit Ehefrauen, drei Vorteile: Sie sind zwanzig Jahre jünger. Der Chef sieht sie nicht nur am Wochenende. Und sie überschütten ihn mit einem Gefühl, von dem er umso mehr braucht, je mehr Kerzen auf seiner Geburtstagstorte und je weniger Haare auf seinem Kopf wachsen: mit ungestümer Verehrung.
Das Lieblingszitat des Betthasen stammt von dem Fernsehmoderator Robert Lembke: »Liebe ist eine tolle Krankheit – da müssen immer gleich zwei ins Bett.« Man sollte einmal zählen, wie viele Chefs ihre »Überstunden« damit verbringen, dass sie ihrer Sekretärin keine Briefe diktieren, sondern Dinge flüstern, für die sie die Frau Gemahlin in die Obdachlosigkeit treiben würde. Der Betthase hat zwei große Ohren, um auf den Chef zu hören, zwei große Augen, um den Chef zu bewundern, und einen großen und sehr roten Mund, um ihn beim Küssen fast aufzufressen, als könnte sie ihn so der Gemahlin wegschnappen.
Diese Sekretärin hält sich für eine hollywoodreife Schauspielerin, schließlich darf sie ihren Liebling in Gegenwart anderer nicht »Puzzy-Wuzzy« nennen – wie bei anderer Gelegenheit –, sondern muss ihn als »Herr Hofmeier« ansprechen. Am Schalter des Tagungshotels, das immer in auffälliger Nähe zum Strand liegt, bucht sie ohne Wimpernzucken das kleine Zimmer für sich und das große für ihren

Chef. Morgens, fürs Frühstück, springt sie fünf Minuten früher aus dem Bett, um jeden Verdacht zu zerstreuen.
Doch die Kollegen sind schlauer, als sie es annimmt. Spätestens wenn sie mit zerwühltem Haar und funkelnden Augen aus dem Chefbüro taumelt oder ihm, in einem Reflex, vor den Augen aller die Krawatte zurechtrückt – spätestens dann ist klar, dass ihr Verhältnis zum Chef weit über die Arbeit hinausgeht.
Es kommt sogar vor, dass der Chef ihr nicht den Laufpass, sondern vorm Standesamt das Jawort gibt. In der Regel ist es jedoch umgekehrt. Weil die Geschenke zu teuer, die Nächte zu anstrengend und die Kollegen zu misstrauisch werden.

Die Kaffeefee

Sie beherrscht eine Kunst, die an keiner Universität gelehrt wird: den Kaffee so zu dosieren, dass er ihrem Chef schmeckt. Sie fühlt sich für sein leibliches Wohl verantwortlich wie die Mutter für den Säugling. Sie verfolgt ihn mit Plätzchen, Tortenstücken und mit dem fauchenden Sahnesprüher bis in den Konferenzraum. Wenn er sagt, er sei satt, durchschaut sie das als Lüge, legt nach, schenkt nach und lässt sich nicht bremsen – bis der Bauchumfang ihres Chefs für einen Sumo-Ringkampf mit dem Geschäftspartner in Tokio reichen würde.
Sie eilt bis ans Ende der Welt, zumindest bis in die Kantine, um ihm einen Teller mit seinem Lieblingsgericht – »Bitte eine große Portion!« – auf den Schreibtisch zu zaubern. Natürlich denkt sie daran, eine Serviette mitzubringen, die sich

ihr Chefbaby auf den Schoß legen muss: damit er die neue Hose nicht bekleckert! Ohnehin wacht sie mit strengem Auge darüber, dass seine Anzüge faltenfrei, seine Krawattenknoten Kunstwerke und seine Schuhe so frisch poliert sind, dass man sich darin spiegeln kann.

Ihr Eifer geht weit übers Büro hinaus. Mit Vorliebe organisiert sie für ihren Chef private Anlässe, zum Beispiel Arzttermine (»Wann waren Sie zuletzt bei der Vorsorge?«), Urlaubsreisen, silberne Hochzeiten und scheinbar spontane Überraschungen für seine Frau (an der sie schätzt, dass sie seine Frau ist, und weniger schätzt, dass sie ihn ohne Pausenbrot und Vitamindrink in die rauhe Bürowelt schickt).

Der Chef ist für sie die Sonne ihres Lebens, alles dreht sich um ihn, Überstunden inklusive. Deshalb hat sie ihr Privatleben auf das nötige Minimum reduziert. Sie braucht nur eine beste Freundin, um stundenlang über ihr Lieblingsthema – also den Chef – zu sprechen. Wenn ihr Chef in Rente geht, bleibt sie als Witwe zurück.

Die Fußabtreterin

Ihre Gattung kommt an zwei Orten vor: im Sekretariat und auf dem Dach. Denn sie ist der geborene Blitzableiter. Wenn ihr Chef unter Spannung steht, wenn seine Augen flackern wie die Fenster eines brennenden Irrenhauses und seine Wut die Zwangsjacke der guten Manieren sprengt: Dann sitzt sie in der ersten Reihe und bekommt alles ab.

Jeder Missstand dieser Arbeitswelt, den ihr Chef beklagt, geht angeblich auf ihr Versagen zurück. Wenn sie ihren

Chef erinnert, dass er gleich in den Jour fixe muss, brüllt er in der Lautstärke eines Heavy-Metal-Sängers: »Für wie blöd halten Sie mich eigentlich? Ist mein Gehirn so klein, dass es sich nicht mal einen immer gleichen Termin pro Woche merken kann? Sie schließen wohl von Ihrer Kopflosigkeit auf meine!«

Wenn sie ihn, eine Woche später, *nicht* an den Termin erinnert, läuft er vor Wut so rot wie eine Speikobra an, ehe er zischt: »Gratulation! Nun haben Sie auch das geschafft! Zum ersten Mal seit zehn Jahren komme ich nicht pünktlich in den Jour Fixe. Und warum? Weil ich eine Sekretärin mit Gedächtnisschwund habe. Ach, was rede ich: eine Sekretärin *ohne* Gedächtnis!«

Ob der Aktienmarkt in Moskau einbricht, die Rohstoffpreise in Brasilien steigen oder der Chef mit einem Pickel auf der Stirn aufwacht: Immer liegt es an ihr! Die eine Hälfte ihrer Arbeitszeit verbringt sie damit, sich von ihrem Chef beschimpfen zu lassen, die andere, sich bei ihren Kollegen auszuheulen. Ihre Lieblingsfrage, stets im weinerlichen Ton vorgetragen, lautet: »Warum immer ich?«

Einige Kollegen ahnen die Antwort: Weil sie dazu neigt, sich kleinzumachen, wird sie kleingemacht. Weil sie wie ein harmloses Schaf auftritt, weckt sie den Wolf im Chef. Denn statt dem Boss zu zeigen, wo seine Grenze liegt, steckt sie seine verbalen Boxhiebe wie jemand ein, der eigens zu diesem Zweck geboren wurde. Das ist auch der Grund, warum sie beim Stellenwechsel fast immer vom Regen in die Jauche gerät – also erneut an einen Chef, der sie zum Fußabtreter macht.

Die graue Maus

Ihr herausragendes Merkmal ist, dass sie keine herausragenden Merkmale hat. Sie kleidet sich so unauffällig, als wollte sie mit ihrem grauen Schreibtisch verschmelzen. Der einzige Schmuck, den sie trägt, ist ihre Kassenbrille. Wenn sie sich zu Wort meldet, dann wie ein piepsendes Mäuslein. War da was? Wohl doch nicht!
Sie ist die einzige Mitarbeiterin, der es gelingen kann, drei Wochen im Urlaub zu sein, ohne dass es ein Kollege bemerkt. Nur ihr Chef hat eine leise Ahnung – es ist ihm so, als würde ein Bild an der Wand fehlen, das dort immer hing und eine beruhigende Wirkung auf ihn hatte.
In einer Disziplin ist sie unübertroffen: in Diskretion. Der Chef kann sie zu jedem, wirklich jedem brisanten Termin mitnehmen – ob er mit der Mafia über Schutzgelder, mit dem US-Präsidenten über den Weltfrieden oder mit seinem Psychiater über seine schlimme Kindheit spricht. Sie hört, ohne zu hören. Sie sieht, ohne zu sehen. Sie schreibt Protokolle, die wie von Geisterhand auf den Tisch ihres Chefs wehen, und radiert die Inhalte danach so endgültig aus ihrem Kopf, wie man Kreide von einer Tafel wischt.
Alle Geschäftspartner, die ihr zum zweiten Mal begegnen, stellen sich erneut vor, weil sie die erste Begegnung vergessen haben, auch wenn die erst vor drei Tagen stattfand. Die Kollegen laufen immer Gefahr, ihren Geburtstag zu verpassen, sie beim Betriebsausflug zu vergessen oder auf dem Flur mit ihr zu kollidieren. Wenn sie nicht Sekretärin geworden wäre, hätte sie es mit der Schauspielerei versuchen müssen – als »unsichtbare Dritte«!

Die heimliche Chefin

»Was ist nun?«, fragt der Lieferant. »Nehmen Sie mein Angebot an?«
»Ich bin nicht sicher, also …«, sagt der Chef und legt seine Stirn in Falten. Lange Pause.
»Also was?«
»Ich werde mir das überlegen. Dann ruf ich an.«
Ein paar Minuten später sieht man, wie der Chef in sein Vorzimmer hastet. Er steckt seinen Kopf mit der Sekretärin zusammen, die beiden tuscheln. Nach einer Weile spitzt er nur noch die Ohren, sie redet und gestikuliert. Das Bild erinnert an einen dümmlichen Schüler, der sich von der Klassenbesten vorsagen lässt.
Danach zückt der Chef sein Handy: »Ja, wir machen den Deal!«
Allen Kollegen im Haus ist klar: Die Abteilung wird nicht aus dem Chefbüro, sondern aus dem Vorzimmer geleitet. Der Boss springt zwar auf die Bühne, wenn Meetings, Verhandlungen oder Führungsseminare anstehen. Doch sie zieht im Hintergrund die Fäden. Wie beim Marionettentheater.
Zwei Disziplinen beherrscht sie meisterlich: das Einreden und das Ausreden. Zum Beispiel muss sie ihren konservativen Chef davon überzeugen, dass die Zukunftsmärkte jenseits der Reichweite des Stadtbusses zu suchen sind. Aus ihrem Mund – aber nur von dort! – glaubt er sogar, dass der Handel in China mittlerweile über den Transport von Reissäcken auf Fahrrädern hinausgeht. Oder dass Mitarbeiterführung nicht nur darin besteht, mit der Faust eine Delle in

den Tisch zu hauen, sondern Menschen für Ideen zu gewinnen.

Ebenso wichtig ist die Kunst des Ausredens. Denn wie ein streunender Hund mit Zecken nach Hause kommt, so sammelt der Chef im Laufe des Tages Schnapsideen auf. Mal will er ein neues Firmengebäude bauen, nur weil ein Dübel aus der Wand gefallen ist. Dann will er seinem Oberboss die Meinung sagen, statt dieses Problem wie bisher mit seinem Psychotherapeuten auszumachen.

Doch wie die Hundehalterin es schafft, ihren Liebling mit der Pinzette von den Zecken zu befreien, so schafft die heimliche Chefin es, ihm diese Hirngespinste aus- und vernünftige Ideen einzureden.

Wer als Kollege vom Boss etwas will, eine Gehaltserhöhung, eine Beförderung oder einen Rolls-Royce als Dienstwagen, muss die Saat seines Anliegens im Vorzimmer streuen. Die heimliche Chefin schätzt es sehr, wenn man ihr in unregelmäßigen Abständen – also mindestens alle drei Tage – wechselweise Pralinen, Blumensträuße oder tagesrettende Komplimente andient. Das bedeutet Rückenwind für die Karriere. Wer sie dagegen ignoriert oder als »Tippse« behandelt, wird schnell auf die Abschussliste geflüstert.

Eigentlich hätte sie das Zeug, den Chefsessel selbst zu erobern. Aber was wäre Steven Spielberg als Schauspieler? Sie führt lieber Regie, als auf die Bühne zu springen.

8 Männerwirtschaft: Die Tricks der Kollegen

Erst raufen sie wie Feinde, dann feiern sie wie Freunde: Männer halten zusammen, ihre Seilschaften hängen viele Kolleginnen ab. Zumal sich jeder kleine Fisch, sofern männlich, für einen tollen Hecht hält. In diesem Kapitel lesen Sie ...

- warum Männer bei Meetings jede Frau in Grund und Boden reden;
- wie der Posträuber und der Tresorknacker sich für den Beutezug versöhnen;
- wie ein junger Unternehmensberater sich vor seiner (eigentlich begabteren) Kollegin wie das Genie des Jahrhunderts aufführt
- und warum Jungen auf dem Fußballplatz mehr für die Karriere lernen als Mädchen beim Puppenspiel.

King Kong beim Meeting

Die Germanistin Rita Brehme (32) klang verzweifelt: »Bei unseren Abteilungssitzungen bin ich die einzige Frau unter acht Männern. Und keiner hört mir zu!«
»Wie laufen die Sitzungen denn ab?«, wollte ich wissen.
»Eigentlich beginnt unser Gruppenleiter-Meeting immer dienstags um 10 Uhr. Aber niemand hält sich an diese Zeit. Ein Teil der Kollegen ist schon eine Viertelstunde vorher

da. Und einige kommen eine Viertelstunde später. Die Einzige, die exakt zwei Minuten vorher den Raum betritt, bin ich.«
»Welcher Kollege eröffnet die Sitzung?«
»Wer am schnellsten den Mund aufmacht. Es ist ja ein Meeting unter Gruppenleitern, unser Chef ist nicht dabei.«
»Und dann beginnt die Diskussion?«
»Ja, dann schnappt sich ein Kollege das Wort und lässt es erst wieder los, wenn er die Runde mindestens fünf Minuten vollgetextet hat. Sie sollten mal hören, welche Nichtigkeiten da in staatsmännischem Ton verbreitet werden – als wäre jede Routineleistung der eigenen Gruppe eine Heldentat. Manchmal schäme ich mich schon beim Zuhören.« Sie schüttelte sich.
»Sie halten Ihre Kollegen für Angeber?«
»Eben für Männer! Die führen sich auf wie im Sandkasten, jeder will dem anderen zeigen: Meine Burg ist größer als deine! Ich finde das albern. Wir treffen uns doch nicht, um einen King Kong zu küren – wir wollen Sachfragen besprechen.«
»Und was passiert, wenn Sie in diesem Sandkasten ein Wörtchen mitreden wollen?«
Sie faltete ihre Hände und presste die Finger so fest zusammen, dass sie weiß wurden: »Dann fange ich einen Satz an, doch die Kollegen reden dazwischen. Da sagt keiner ›Entschuldigung‹, die fallen mir einfach ins Wort. Dann bin ich so beleidigt, dass ich gar nichts mehr sagen *will!*«
Solche Klagen höre ich öfter. Offenbar gibt es jedes Meeting in zwei Ausführungen: einmal in der Wahrnehmung der Frauen, einmal in der Wahrnehmung der Männer. Worum geht es den Frauen? Um die Sache! Worum geht es den

Männern? Um die Macht! Sie tun alles, um ihren Rang in der Hackordnung zu verbessern.

Das Machtpoker geht schon vor dem Meeting los. Jeder bemüht sich, als Erster im Sitzungsraum zu sein. Dann kann er die Kollegen wie ein Gastgeber begrüßen – mit Schulterklopfen und jovialen Reden. Er nimmt für sich das Hausrecht in Anspruch. Seine Chancen stehen gut, dass er das Meeting später eröffnen kann.

Aber auch alle, die unmittelbar nach ihm kommen, haben noch Zeit, sich Verbündete für ihr Anliegen zu suchen (wenn sie es nicht schon in den Tagen zuvor getan haben!). So manchen Beschluss haben die Männer ausgeklüngelt, ehe die erste Frau bei der Sitzung auftaucht und sich in einer offenen Diskussion wähnt.

Und was ist mit den Kollegen, die zehn Minuten nach Sitzungsbeginn in den Raum hetzen? Meist murmeln sie ein Sätzlein wie: »Musste noch den Großauftrag in trockene Tücher bringen!« Während Frauen sich tausendmal für ihre Verspätung entschuldigen, nutzen Männer diese Chance, um sich zu produzieren.

Meist sind es die Unwichtigen (zum Beispiel Untertanen und Mitarbeiter), die warten, und die Wichtigen (zum Beispiel Könige und Chefs), die warten lassen. Wer zu spät kommt, ohne das Haupt deshalb zu senken, gibt sich als (angehender) Häuptling zu erkennen.

Jedes Meeting ist ein Kampf um die Hackordnung. Es kommt nicht darauf an, was einer sagt, sondern wie er es sagt. Viele Frauen haben es schon erlebt, dass sie einen guten Vorschlag einbringen, ohne Resonanz. Aber zehn Minuten später, wie durch ein Wunder, findet derselbe Vorschlag euphorische

Zustimmung – nur dass er jetzt von einem Mann vorgetragen wird, der ihn natürlich als seinen eigenen ausgibt!

Wenn eine Frau ihre Ideen beim Meeting im Konjunktiv präsentiert (»Es könnte eine gute Idee sein ...«), wenn ihre Aussagen im hohen Ton der Frage enden, wenn sie nicht so lang, sondern so kurz wie möglich spricht, nicht so laut wie möglich, sondern so leise – dann könnte sie auch gegen das ewige Rauschen der Brandung anreden. Egal, wie gescheit ihre Beiträge sind – die Männer schalten auf Durchzug.

Dagegen beherrschen Kollegen die Kunst, durch die Art ihres Vortrags vom (dünnen) Inhalt abzulenken. Mit dem Sound eines Generals, der ganze Hundertschaften befehligt, schlagen sie eine Schneise in den Lärmdschungel. Sie verströmen Entschlossenheit in so hoher Dosis, dass die Zweifel beiseitetaumeln und die informelle Führung ihnen in den Schoß fällt. Die Behauptung des Philosophen Voltaire, Gott habe »die Frau erschaffen, um die Männer kleinzukriegen«, würden sie grinsend als eine Verkennung der Kraftverhältnisse zurückweisen.

Sind Sitzungen also ein Machtspiel im Sandkasten, wie Rita Brehme vermutet hat? Ganz sicher! Ich habe ihr empfohlen: »Spielen Sie einfach mit!« Warum sollte sie künftig nicht weiterreden, wenn ein Kollege sie unterbrechen will? Warum nicht dafür sorgen, mindestens dieselben Redezeiten wie die Männer zu beanspruchen? Und sich einen Spaß daraus machen, auch aus ihren mittleren Leistungen riesige Sandburgen zu bauen?

Bei Sitzungen gilt dasselbe wie bei allen Kinder- und Kollegenspielen: Gewinnen kann nur, wer die Spielregeln kennt – und überhaupt antritt!

Alle Mann in einem Boot

Die Kolleginnen reiben sich die Augen: Kann das wahr sein? Gestern haben sich die beiden Kollegen noch angebrüllt, dass die Wände wackelten. Und heute machen sie gemeinsame Sache! Flüstern sich Vertrauliches zu und treten im Gespräch mit dem Großkunden so geschlossen auf, als würde kein Blatt zwischen sie passen.

Männer sind praktisch, um nicht zu sagen: taktisch veranlagt. Statt sich wie verfeindete Frauen die Hölle heißzumachen, gehen sie Zweckbündnisse ein. Als »Freund« im Job gilt, wer ihnen gerade nützt. Kein Graben einer Feindschaft ist so tief, dass sich nicht eine Brücke darüber schlagen ließe – sofern es dem eigenen Vorteil dient.

Zwar sind der Posträuber und der Tresorknacker alte Feinde. Aber wenn der Posträuber weiß, wo ein Tresor voller Geld steht, und der Panzerknacker weiß, wie man diesen Tresor öffnet, dann begraben sie ihr Kriegsbeil für einen Beutezug. Sie teilen sich die Klunker, schütteln sich die Hände und gehen wieder eigene Wege. Die »gemeinsame Sache« werten sie als »geschäftliche Kooperation«, unabhängig von Sympathie oder Antipathie. Dagegen hätte die Posträuberin fürchten müssen, von der verfeindeten Tresorknackerin verpfiffen zu werden – und umgekehrt!

Wie kommt es, dass Männer immer zuerst im Bilde sind, wenn ein Chefsessel wackelt, eine Fusion sich anschleicht oder bei der Konkurrenz ein Traumjob frei wird? Warum können sie loslaufen, bevor die Kolleginnen auch nur in den Startlöchern stehen? Weil man(n) sich hilft!

Der Flüsterfunk der Kollegen funktioniert schnell und informell: Während Hausmitteilungen kalten Kaffee servieren, Sitzungen sich auf Phrasen beschränken und Bürogespräche nur Andeutungen raunen – derweil dealen die Männer unter der Hand mit Informationsperlen. Mal in der Kantine, wenn sie am Tisch die Stimmen senken, mal auf dem Parkplatz, wenn sie noch eine halbe Stunde vor ihren Autos plaudern.

Am liebsten tauschen sie sich in ihrer Freizeit aus. Sogar Kollegen, die nicht gerade als dicke Freunde gelten, raffen sich zu gemeinsamen Unternehmungen auf: zu Tennisspielen und Jogginglaufen, zu Stadionbesuchen und Zechtouren. Je nachdem, wie hoch Alkohol- und Hormonspiegel stehen, driften sie dabei auch mal in Viertel ab, wo auf der Spesenrechnung später eine andere Dienstleistung als die tatsächlich genossene steht. Sie halten zusammen; sie halten dicht.

Natürlich konkurrieren Kollegen in der Firma um Pöstchen, vertreten unterschiedliche Interessen, jeder will den Chef für sich gewinnen. Aber neben diesen Kleinigkeiten, die sie trennen, gibt es eine große Gemeinsamkeit, die sie verbindet: Sie sind Männer! Gewisse Dinge, zum Beispiel amouröse Abenteuer mit der Sekretärin, spielen nicht einmal die ärgsten Konkurrenten gegeneinander aus, sondern sie zwinkern sich zu – schließlich könnte jedermann bzw. jeder Mann selbst in eine solche Situation geraten. Dagegen würden Feindinnen sofort einen Vernichtungsfeldzug starten und sich gegenseitig das Image zerkratzen.

Stellen Sie sich die Karriereoptionen in einer Firma wie einen Kuchen vor; es gibt eine begrenzte Anzahl von Stücken. Wie gehen nun die Frauen damit um? Füllen sie sich gegenseitig den Teller? Nein, sie zerren so lange an ihm herum, bis die Kuchenstücke am Boden liegen. Anders die Männer: Sie teilen den Kuchen mit Kalkül auf, wie Posträuber und Tresorknacker, und jeder trägt seine Stückchen ins Trockene.

Das dürfte ein wichtiger Grund sein, warum sich auf den Gipfeln der hierarchischen Macht, so in den Vorstandsetagen der DAX-Konzerne, kaum Frauen tummeln. Solche Posten werden durch Vitamin B vermittelt. Ein Mann holt den nächsten ins Boot. Weil er ihm noch einen Gefallen schuldet. Oder weil er sich einen Gefallen von ihm verspricht. Sogar für die Besetzung ganz alltäglicher Jobs weist eine Studie des Bonner Instituts für Mittelstandsforschung nach: Männer ziehen andere Männer einer ähnlich qualifizierten Frau vor. Hier wird nicht gerecht, hier wird nach Geschlecht entschieden!

Was mit »Vetternwirtschaft« gemeint ist, weiß jeder. Nach diesem Kapitel ahnen Sie, warum das Wort »Basenwirtschaft« noch nicht erfunden ist.

Das Nachwuchsgenie

»Na, wie hab ich das gelöst?« Mit dem souveränen Grinsen eines Genies, das gerade die Weltformel entdeckt hat, baut sich der Unternehmensberater Daniel Klee (28) vor seiner Kollegin Birgit Paulsen (32) auf. Breitbeinig steht er da, seine Hände in die Hüften gestützt, seine Ellenbogen weit ausgefahren.

Birgit Paulsen, die mit ihrem Kollegen einen Mittelständler berät, zögert einen Moment. Was soll sie Daniel Klee entgegnen? Dass ihr seine Idee, der Kunde solle das defizitäre

Russlandgeschäft abstoßen, eher naheliegend als originell erscheint? Aber hätte sie selbst den Mut gehabt, den Unternehmer dazu aufzufordern, sich von seinem liebsten Baby zu trennen? So ganz sicher ist sie da nicht. Außerdem will sie ihren Kollegen nicht kränken, also sagt sie: »Ja, eine gute Idee!«

»Siehst du!«, sagt er.

»Was soll ich sehen?«

»Dass mir immer etwas einfällt!« Selbstzufrieden löst er seine Hände von den Hüften, führt sie am Hinterkopf zusammen und breitet die Ellenbogen dort wieder aus, als würde ein Adler mit gespreizten Flügeln durch die Lüfte schneiden. »Du kennst ja meinen Werbeslogan: ›Der Mann für die beste Idee: Daniel Klee!‹«

Er sagt das ohne Augenzwinkern; er meint es ernst. Offenbar ist es ihm nicht peinlich, Lobgesänge auf sich selbst anzustimmen. Das war Birgit Paulsen schon früher aufgefallen. Einmal hatte er mit seinem »erstklassigen Studium« geprahlt. Auf Nachfrage erklärte er: »Ich habe BWL mit 2,1 abgeschlossen. Aber ich wäre eine Note besser gewesen, wenn der verkalkte Prof meine Diplomarbeit begriffen hätte.« Eine gefühlte 1,1!

Birgit Paulsen hat auch BWL studiert und sogar eine halbe Note besser abgeschlossen, aber hätte sie sich ein »erstklassiges Studium« attestiert? Erstens hätte sie darunter eine glatte Eins verstanden (ihre 1,6 kam ihr eher wie »gehobener Durchschnitt« vor – und hatte sie ihr Professor nicht ohnehin zu gut bewertet?). Und zweitens wäre es ihr, selbst mit glatter Eins, furchtbar peinlich gewesen, Kollegen mit dieser Note übertrumpfen zu wollen.

Mit solchen Bedenken hält sich ihr Kollege Daniel Klee so wenig auf wie ein Gockel mit der Lärmschutzverordnung. Vielleicht wird er deshalb in der Beratungsfirma hoch gehandelt. Erst vor zwei Jahren hatte er angefangen, doch schon jetzt wird sein Name genannt, wenn es um eine Teilhaberschaft ging.

Und hat er es nicht auch beim jetzigen Kundeneinsatz geschafft, vor dem Firmeninhaber als der große Macher aufzutreten? Hat *er* nicht stets die Ideen präsentiert, wie ein Moderator auf der Bühne, während sie im Hintergrund stand wie eine unsichtbare Drehbuchschreiberin? Er tritt auf wie der Projektleiter. Dabei ist sie schon fünf Jahre länger als er im Geschäft; dabei arbeiten sie hier als gleichwertige Teammitglieder.

So geht es oft: Männer schaffen es, Minileistungen als Großtaten zu verkaufen. Jeder Bubenstreich, den sie vollbringen, will ihnen wie ein Geniestreich erscheinen; jedes Licht, das ihnen aufgeht, wie eine Erleuchtung; und jeder Erfolg, den sie verzeichnen können, wie eine »gerechte Belohnung« – auch wenn der Triumph ihnen wie ein Sterntaler in den Schoß fiel. Dagegen fragen sich Frauen bei Erfolgen: War es nicht nur Glück? Und bei gelungenen Arbeiten: Hätte ich es nicht noch besser machen können?

Doch welche Kollegin hat je einen Kollegen bei solchen Selbstzweifeln ertappt? Etwa bei der Frage, ob er ein Thema wirklich durchblickt (oder doch an der Oberfläche schürft), ob er eine Beförderung wirklich verdient hat (oder doch der Kollege) und ob sein Intellekt wirklich die schärfste Waffe seit Erfindung des Speers ist (oder doch ein stumpfes Werkzeug)? Entweder *kennen* Kollegen solche Zweifel nicht.

Oder sie *bekennen* sich nicht zu ihnen. Beides läuft aufs selbe hinaus: Männer wirken wie die geborenen Problemlöser.

Große Jungen beim Karrierespiel

Erfolg im Beruf hängt vom Geschlecht ab, Studien weisen nach: Männer trauen sich mehr zu, deshalb haben sie bessere Chancen. So hat die Unternehmensberatung Kienbaum belegt: Kollegen bewerben sich auf ausgeschriebene Stellen auch dann, wenn das geforderte Profil ihre Qualifikation deutlich übersteigt. Kolleginnen aber kapitulieren und schicken ihre Bewerbung erst gar nicht ab. Leicht vorstellbar, dass sich Daniel Klee als Ideallösung für eine High-Potential-Position sähe – während Birgit Paulsen diesen Schuh für zu groß hielte.

Und was passiert, wenn eine Frau sich doch bewirbt? Dann steht sie sich oft selbst im Weg: Eine Studie der FU Berlin belegt, dass die Redezeit im Vorstellungsgespräch vom Geschlecht abhängt. Auf die Bitte, fünf Minuten zu sprechen, verstummten die Frauen eine Minute früher als die Männer.

Sagen Frauen mit weniger Worten mehr? Nein, denn die Studie fand auch heraus: Die Kompetenz der Bewerberinnen und Bewerber wurde vor allem nach ihrer Redezeit bewertet. Je länger einer sprach, als desto kompetenter galt er. Gute Karten für Kollegen – und schlechte für Kolleginnen.

Wie erklärt es sich, dass Kollegen oft viel selbstbewusster als Kolleginnen auftreten? Das hängt mit der Sozialisation zusammen, mit der Erziehung und dem Rollenverständnis.

Die kleinen Jungen dürfen sich auf dem Fußballplatz austoben, dürfen die Weichen der Modelleisenbahn stellen und raufen sich nach Herzenslust. Schon früh lernen sie es, die Dinge in die Hand zu nehmen, mit anderen zu konkurrieren und sich selbst zu behaupten.

Dagegen wachsen die Mädchen behüteter auf, auch heute noch. Sie spielen mit Puppen statt mit Fußbällen, werden von ihren Eltern zu damenhafter Zurückhaltung ermahnt, und wenn sie bei einer Rauferei in Erscheinung treten, dann nur mit Pflaster in der Hand, um die tapferen Helden nach der Schlacht zu versorgen.

Fragt man, was ihren Kindern keinesfalls zustoßen solle, nennen die Eltern von Mädchen oft sexuelle Übergriffe – sie sehen ihre Tochter als potenzielles Opfer, von der Außenwelt gefährdet. Die Ermahnung »Sei vorsichtig und riskiere nichts« begleitet Mädchen vom Kindergarten bis zum Abitur. Dagegen fürchten die Eltern von Jungen am meisten Unfälle, zum Beispiel beim Fußball – sie sehen ihren Sohn in der aktiven Rolle, höchstens durch den eigenen Übermut gefährdet. Er hört oft Sätze wie: »Du bist ja schon ein kleiner Mann, du wirst das schon schaffen!«

Studien weisen nach: Kleine Jungen haben ein Selbstbewusstsein, das bis in den Himmel ragt. Sie überschätzen ihre Wichtigkeit, ihren Einfluss auf die Umwelt und ihre Erfolge in der Zukunft. Sie verwetten ihren Gameboy darauf, eines Tages als Fußballprofis in der Nationalelf zu spielen, als Popstars über die Bühne zu tanzen oder als Schauspieler auf der Kinoleinwand zu brillieren. Dagegen malen sich viele Mädchen eine »Karriere« als Krankenschwester, als Kindergärtnerin oder als Tierpflegerin aus.

Haben Sie schon mal überlegt, warum so viele Frauen in Berufen arbeiten, wo nur wenig Geld zu verdienen ist – etwa im Hotelgewerbe, im Einzelhandel oder in der Pflege? Und warum auch in diesen Branchen so viele Männer in der Führungsetage sitzen? An der Bildung kann's nicht liegen: Mittlerweile machen Mädchen häufiger als Jungen Abitur und schließen ihr Studium mit besseren Noten ab. Auch im Job überzeugen Frauen durch emotionale Intelligenz, durch engagiertes und umsichtiges Arbeiten.

Aber wer sorgt dafür, dass die eigene Leistung an die Ohren des Chefs dringt? Wer hebt die Hand, wenn ein Führungsjob zu besetzen, eine Gehaltserhöhung zu vergeben ist? Wer ist bereit, sich um einen spannenden Job zu raufen? Die Jungen von einst! Mit derselben Selbstverständlichkeit, mit der sie früher die Weichen der Spielzeugeisenbahn gestellt haben, stellen sie heute die Weichen ihrer Karriere. Mit derselben Selbstverständlichkeit, mit der sie einst ihre künftigen Erfolge überschätzt haben, überschätzen sie sich noch heute. Aber genau diese positive Erwartung zieht erst ein selbstbewusstes Auftreten nach sich, dann mehr Respekt der Umwelt und schließlich reale Erfolge. Eine sich selbst erfüllende Prophezeiung!

Weil Daniel Klee sich für ein Genie hält, tritt er wie ein Genie auf, wird für ein Genie gehalten und auch bald wie ein Genie bezahlt und befördert. Bei seiner Kollegin Birgit Paulsen droht das Gegenteil: Weil sie sich für ein kleines Licht hält, wird sie von den anderen ebenso gesehen, wenn nicht gar übersehen. Der Ruhm und das Geld fließen an ihr vorbei.

9 Frauenhaus:
Die Tricks der Kolleginnen

Kolleginnen kämpfen mit anderen Waffen als Kollegen, mit Giftspritze statt Keule. Ihr größter Feind ist eine Feindin. Doch wenn es darum geht, Kollegen um den Finger zu wickeln, tragen sie lieber Stöckelschuhe als ihren Doktortitel. In diesem Kapitel lesen Sie …

- wie eine Redakteurin die Verhütungsgewohnheiten ihrer Kollegin ausplaudert;
- weshalb eine »Frau Doktor« ihren Titel nicht hören will;
- warum Kleider nicht nur Leute, sondern auch Beute machen
- und wie der »Stöckelschuh-Trick« funktioniert, auf den die Männer reihenweise hereinfallen.

Die bittere Anti-Baby-Pille

Es geschah über den Wolken, irgendwo zwischen Düsseldorf und Paris. Meine Mitarbeiterin und ich waren unterwegs zu einem Interview. Wenige Wochen zuvor hatte ich meine Arbeit für den großen Lifestyle-Konzern aufgenommen, um dort eine Abteilung aufzubauen. Zwei Mitarbeiterinnen waren schon vor mir eingestellt worden: Lina Hensler (34), die seit einem Jahr dabei war und jetzt neben mir im Flugzeug saß; und Beate Schwarmstedt (36), die sich im vierten Monat ihrer Probezeit befand.

Die beiden Kolleginnen waren wie Tag und Nacht. Lina Hensler, die in ihrer Freizeit Kampfsport betrieb, ließ auch in der Firma keinen Fehdehandschuh liegen. Mit spitzer Zunge ging sie die Kollegen der anderen Abteilungen an. Dagegen war Beate Schwarmstedt eine Diplomatin: Sie kam aus der PR-Branche, verbreitete gute Laune und konnte Kritik so verpacken, dass der Empfänger sie annahm.

Auch wenn sie unterschiedliche Charaktere waren, verstanden sich die beiden. Ich hatte das Gefühl, da teilen sich alte Freundinnen ein Büro. Sie duzten sich, lachten viel und besprachen auch Privates. Bei der Arbeit griffen sie sich unter die Arme.

Aber nun, im Flugzeug nach Paris, rückte Lina Hensler verschwörerisch näher: »Haben Sie schon mal überlegt, ob Frau Schwarmstedt uns dauerhaft erhalten bleibt?«

»Nein, warum sollte ich?«

Sie grinste schäbig und schwieg. Erst als ich mich wieder meiner Zeitung zuwandte, sprach sie weiter: »Es könnte ja sein, dass sie andere Pläne hat.«

Ich wurde hellhörig, denn ich war gerade mit der Personalplanung fürs nächste Jahr beschäftigt: »Andere Pläne? Sie meinen, Frau Schwarmstedt will wechseln?«

»Nein, das nicht. Aber ...« Wieder kicherte sie. »Denken Sie doch mal scharf nach! Eine Frau in diesem Alter!«

Ich wurde sauer: »Entweder Sie sagen, was Sache ist, oder wir beenden das Thema.«

»Sie nimmt die Pille nicht mehr. Schon seit zwei Wochen. Das hat sie mir gestern Abend erzählt.«

Sie grinste mich an. Diesmal noch schäbiger. Ihr war klar, welche Bombe sie da gezündet hatte! Wie sollte ich auf eine

Mitarbeiterin bauen, die erst vor vier Monaten angefangen hatte, aber schon mit einem Bein im Schwangerschaftsurlaub stand? Warum sollte ich riskieren, dass mein junges Team bald auseinandergerissen würde?

Ich hätte die Chance gehabt, Beate Schwarmstedt *vor* ihrer Schwangerschaft abzuservieren – kein Jurist hätte dagegen vorgehen können, erst recht nicht während der Probezeit. Doch ich dachte keine Sekunde daran, ihrer heuchlerischen Kollegin diesen Gefallen zu tun. Schwarmstedt war eine sympathische und kompetente Mitarbeiterin, ich wollte sie so lange wie möglich in meiner Abteilung haben.

Als sie mir ein paar Monate später sagte, dass sie schwanger sei, fiel es mir schwer, den Überraschten zu spielen. Sie brachte eine Tochter zur Welt. Bald kam sie mit dem Nachwuchs in der Firma vorbei. Lina Hensler beugte sich in den Kinderwagen, rief »dei-dei-dei« und spielte die herzallerliebste Tante.

Was hat Hensler bewegt, ihre Kollegin ans Messer zu liefern? Hatte sie von mir, ihrem Chef, einen Judaslohn erwartet? Oder betrachtete sie Beate Schwarmstedt als Rivalin? Hatte sie Angst, dass ihre eigene Streitsucht neben dem diplomatischen Geschick der Kollegin noch negativer auffiel? Oder störte es sie nur, dass sie selbst einen notorisch bleichen Teint hatte, während Schwarmstedt immer so aussah, als käme sie gerade vom Strandurlaub?

Kolleginnen sind zu bühnenreifen Maskeraden fähig. Sie spielen das Rührstück »Gute Freundinnen«, doch noch während sie sich in den Arm nehmen, erspüren sie schon die Mängel der Rivalin, jedes überflüssige Gramm Fett, um das bei passender Gelegenheit gegen sie zu verwenden. Die

»Freundschaft zweier Frauen«, schrieb der französische Schriftsteller Henry de Montherlant, sei »nicht viel mehr als ein Nichtangriffspakt«. Manchmal noch weniger!

Wenn Männer aufeinander losgehen, kracht es wie bei einem Gewitter. Klare Fronten! Das Pack schlägt sich und verträgt sich bald wieder. Bei Kolleginnen laufen Konflikte subtiler und dauerhafter ab. Sie greifen zur geräuschlosen Giftspritze. Die Wirkung tritt ein, wenn die Intrigantin schon weit vom Tatort entfernt ist. Wäre Beate Schwarmstedt entlassen worden – wie hätte sie ahnen können, dass sie ein Opfer ihrer (besten) Kollegin geworden ist? Ich wette, die hätte sie noch ausgiebig getröstet!

Im Alltag tarnen sich Giftangriffe oft als Fürsorge. Eine Kollegin schaut die andere besorgt an, bis diese fragt: »Ist was?« – »Ach, eigentlich nichts. Du siehst nur so müde aus. Schlecht geschlafen?« Wollen wir wetten, dass die Angesprochene postwendend vor den Toilettenspiegel eilt und mit ihrem Aussehen nicht mehr zufrieden ist – obwohl sie es im heimischen Badezimmer noch ganz in Ordnung fand? So wirkt Gift!

Frauen zielen dorthin, wo es am meisten weh tut – auf Äußerlichkeiten und auf (angebliche) charakterliche Eigenschaften. Dann heißt es hinterrücks, die Kollegin »sieht aus wie ein Bauerntrampel« (nur weil sie eine rötliche Gesichtsfarbe hat), »steigt mit jedem ins Bett, um sich nach oben zu schlafen« (nur weil sie mit dem Chef gelegentlich in die Kantine geht), oder »wechselt ihre Kleidung erst, wenn das Rote Kreuz mal wieder eine Spende an sie weiterleitet« (nur weil sie nicht wie ein Modepüppchen durch die Gegend stöckelt).

Erstaunlicherweise werfen sich Kolleginnen beim Lästern gerne das vor, was sie aus Männermund zu Recht als Diskriminierung werten würden, etwa aufreizende Kleidung und angebliches Flirten mit Vorgesetzten. Solche Gerüchte wirken immer. Sie isolieren die Verleumdete und können sie ihren Job kosten. Etwa dann, wenn der Vorgesetzte den Gerüchten die Nahrung entziehen will und seiner angeblichen Geliebten einen Laufpass namens Kündigung gibt.

Kleider machen Beute

Alle zwei, drei Monate verschlägt es mich in Redaktionsbüros. Und was fällt mir auf, wenn ich mich dort umschaue? Dass es zwei Gattungen von Beschäftigten gibt: solche, die sich in alten Jeans, schlabberigen T-Shirts und mit verstrubbeltem Haar an den Arbeitsplatz trauen. Und solche, die aussehen, als wären sie gerade vom Laufsteg zum Arbeitsplatz abgebogen. Die Ersten sind Kollegen – die Zweiten Kolleginnen!

Zeigen Sie mir eine Frau, die morgens in letzter Sekunde aufsteht, ungewaschen in die Jeans springt und zwanzig Minuten später wie Struwwelpaula an ihrem Arbeitsplatz aufschlägt, wo sie sich genussvoll mit ihrem Brötchen bekrümelt und sich ungeschickt mit Kaffee bekleckert. Nein, diese Kleidung und dieses Verhalten sind exklusiv den Kollegen vorbehalten.

Der Grund für die Nachlässigkeit der Männer? Sie betrachten Kleidung als ihre Privatsache. Sie ziehen sich nicht an, um anderen zu gefallen, sondern nur, um nicht nackt am Arbeitsplatz aufzutauchen. Anders die Kolleginnen. Sie empfinden den Arbeitsplatz als eine Bühne, die man nicht ohne Kostüm betreten sollte.

Etliche Frauen pirschen das ganze Jahr an Schaufenstern entlang, blättern sich durch Kataloge und studieren Modeartikel in Illustrierten, um spätestens im Herbst die Kollektion fürs Frühjahr zu kennen. Zur Not passen sie die Kleidung nicht ihrem Körper, sondern ihren Körper der Kleidung an und halten den ganzen Winter Diät.

Für Frauen ist das Äußere am Arbeitsplatz »öffentliche Angelegenheit«. Sie wissen, dass sie nicht nur sehen, sondern auch gesehen werden: von den Kolleginnen, die potenzielle Rivalinnen sind (jede will die Schönste sein!); und von den Kollegen, die Männer sind und denen deshalb ein besonderes Interesse am Aussehen von Frauen unterstellt wird, auch wenn das nicht immer zutrifft.

Männer haben ein Auge für Details, wenn es um Kommafehler im Protokoll geht. Aber dasselbe Auge versagt jämmerlich, wenn eine Kollegin, die gestern noch ein langes gelbes Kleid trug, heute im kurzen schwarzen vorbeiflattert: »Das Kleid hattest du gestern schon an – richtig?« Wenn Blicke töten könnten!

Ebenso liegt die Wahrscheinlichkeit, dass ein Kollege die neue Frisur seiner Kollegin bemerkt, nur eine Winzigkeit über null. Selbst ein Wechsel der Haarfarbe, ein im Haar zurückgelassener Lockenwickler oder ein vom Friseur abgeschnittenes Ohr kann diese Wahrscheinlichkeit nur unwesentlich anheben.

Aber eines fällt den Männern dann doch auf: dass dieser Mode- und Schönheitswettbewerb der Frauen (diese Kleidung muss ja ein Heidengeld kosten, stimmt's?) im Zusammenhang mit ihrer Anwesenheit stehen könnte. Dieser Gedanke weckt den Gockel im Mann. Einige spulen ihr Flirtprogramm ab, andere missverstehen die adrette Kleidung als eine Einladung zur Anzüglichkeit.

Für Frauen ist das nichts Neues: Seit Jahrtausenden werden sie über ihr Äußeres wahrgenommen. In der Steinzeit (von der sich noch nicht bei allen Männern herumgesprochen hat, dass sie vorbei ist!) war es doch so: Je attraktiver eine Frau war, desto besser standen ihre Aussichten, einen Mann für sich zu gewinnen – einen starken Ernährer, der den Bären vor der Höhle vertrieb, mit seinem Speer den Braten besorgte und der das Lagerfeuer zum Brennen brachte. *Er* war ihre Lebensversicherung.

Übertreiben es einige Kolleginnen? Verwechseln sie das Büro mit einem Laufsteg? Wollen sie durch Äußeres statt durch Äußerungen, durch Beinarbeit (im kurzen Sommerkleid) statt durch Fleißarbeit überzeugen? Sind sie oberflächliche Barbiepuppen? Oder so raffiniert wie die Modeschöpferin Coco Chanel, die meinte: »Die Schönheit brauchen wir Frauen, damit die Männer uns lieben, die Dummheit, damit wir die Männer lieben.«

Die meisten Frauen tun nichts anderes, als sich den ungeschriebenen Spielregeln anzupassen. Oft habe ich erlebt: Ein schlampig gekleideter Bewerber bekommt den Job dennoch (»Es kommt ja auf die Leistung an!«) – eine nachlässig gekleidete Frau fliegt sofort aus dem Rennen (»Wenn sie sich schon *so* kleidet, wie sieht dann erst ihre Arbeit aus!«).

Auch wenn Führungsjobs vergeben werden, bleibt so manches Aschenputtel trotz Spitzenleistung auf der Strecke –

während so manche »Trophäe«, deren Glanz auf den Beförderer zurückfallen soll, trotz durchwachsener Leistung auf den Chefsessel klettern darf. Fast immer sind es Männer, die das Recht zum Befördern haben. Und das Auge befördert mit.

Wenn Frau Doktor flüstert

Die Luft in der Wartehalle des Frankfurter Flughafens vibriert vor Lautsprecher-Durchsagen. Ich bin zum ersten Mal mit einer neuen Klientin verabredet, Managerin eines Metallwaren-Exporteurs. Zwei Minuten vor der Zeit steuert sie auf mich zu. Ich begrüße sie: »Guten Tag, Frau Dr. Körber!«
»Hallo, Herr Wehrle, freut mich, Sie zu treffen. Und lassen Sie den ›Doktor‹ weg.«
Immer wieder fällt mir auf: Fast allen promovierten Männern schwillt die Brust vor Stolz, wenn man Sie »Herr Doktor« nennt. Der Titel schmückt ihre Mailadresse, dominiert ihre Signaturen und springt auch von der privaten Visitenkarte ins Auge. Etwa die Hälfte von ihnen meldet sich am Telefon nicht nur als »Müller«, sondern als »Dr. Müller«. Sie stellen ihren akademischen Grad wie einen Pokal in der Vitrine aus, und man darf annehmen, dass sie ihn zu diesem Zweck erworben haben.
Und dann beobachten Sie mal, wie eine promovierte Frau sich vorstellt, etwa bei der Eröffnungsrunde eines Seminars! Eher ließe sie sich die Zunge abschneiden, als laut zu sagen: »Mein Name ist Dr. Johanna Meier.« Der Titel taucht, wenn überhaupt, nur indirekt auf: »Ich habe Physik studiert. Nach

meiner« – die Stimme schrumpft zum Flüstern – »Promotion habe ich dann …«

»Moment«, sage ich, »Sie haben den Doktorgrad erworben?«

»Ja«, flüstert es zurück, und ein Blick aus zusammengekniffenen Augen legt mir nahe, dringend das Thema zu wechseln.

Nicht nur beim Doktortitel, auch bei anderen Statussymbolen üben sich Frauen in hemmungsloser Bescheidenheit. Zum Beispiel die Juristin Bettina Perlin (41). Sie war aufgestiegen zur Vizeleiterin eines Unternehmens mit fünfhundert Mitarbeitern. Die Position war eigens für sie geschaffen worden und sollte um ein Sekretariat ergänzt werden. Und Bettina Perlin? Lehnte ab: »Danke für das Angebot. Aber ich korrespondiere fast nur per Mail. Das bekomme ich ohne Hilfe hin.«

Erst ein paar Monate später ging ihr ein Licht auf. Sie nahm mal wieder einen Anruf entgegen (ihr Telefon klingelte seit der Beförderung rund um die Uhr!): »Perlin.« Die Stimme am anderen Ende gab forsch zurück: »Hier ist das Sekretariat von Herrn Dr. Baier. Würden Sie mich bitte zur Chefin durchstellen?« Wer das Telefon abhebt, kann nicht wichtig, kann keine Chefin sein!

Und war Bettina Perlin nicht selbst aufgefallen, dass die Managerkollegen selten direkt ihre Nummer wählten – sondern das Gespräch auf komplizierte Weise von ihrem Sekretariat durchstellen ließen? Offenbar ging es nicht um Zeitersparnis, sondern um die Botschaft: »Ich habe die Macht, telefonieren zu lassen!«

Eine Sekretärin ist ein Statussymbol. Wie der Popstar einen Leibwächter und der König einen Palast hat, so hat eine

Führungskraft ein Sekretariat zu haben. Sonst spielt sie überall mit, nur nicht in der ersten Chefliga.

Von ähnlicher Symbolkraft ist die Größe des Büros. Etliche Frauen verzichten nach ihrer Beförderung darauf, das protzige Eckbüro zu beziehen. Sie wollen keinen Neid erwecken und denken praktisch: »Ich habe in meinem alten Büro genug Platz.«

Wollen wir wetten, dass es keine fünf Minuten dauert, bis sich die (nicht beförderten) männlichen Kollegen um das freie Eckbüro balgen? Der Stärkste von ihnen wird den Raum beziehen und gilt fortan als informeller Führer – während die eigentliche Chefin so wahrgenommen wird, als wäre nicht nur bei ihrem Büro, sondern auch bei ihrer Position alles beim Alten geblieben.

Oder nehmen Sie eine klassische Männerdomäne, den Dienstwagen. Während Frauen glücklich sind, überhaupt ein Auto von der Firma zu bekommen (und allenfalls auf die Farbe achten), haben die Männer schon längst eruiert, mit welcher PS-Zahl sie sich unter den anderen Vorgesetzten in der Spitzengruppe plazieren können. Wer hier mit einem Auto auftaucht, das nur halb so viel wie die anderen kostet, wie so manche Chefin, wird nur als halbe Führungskraft wahrgenommen.

Für dieses Statusspiel, das von früh bis spät gespielt wird, haben Kolleginnen keine Antennen. Sie geben sich als Managerin mit einem Parkplatz zufrieden, der weit vom Firmengebäude entfernt liegt – während Männer peinlichst darauf achten, dass die Nähe zum Gebäude ihrem Rang in der Hierarchie entspricht. Die Frauen haben kein Problem damit, im Flugzeug oder in der Bahn zweiter Klasse zu reisen – während die Männer als Führungskräfte erster Klasse gelten wollen, auch beim Reisen.

Manchmal könnte ich als Karriereberater im Dreieck hopsen, weil Frauen so bescheiden sind, so blind für die Machtmechanismen. Bei einigen kommt es mir vor, als hätten sie einen Lottoschein mit sechs Richtigen in der Tasche, ohne dass sie ihren Gewinn einlösen – während die Kollegen schon mit drei Richtigen kassieren.

Der Stöckelschuh-Trick

Schon mal beobachtet, wie sich eine Frau auf Stöckelschuhen bewegt? Ihr Gang verliert die gewohnte Festigkeit. Sie schwankt ganz leicht von einer Seite zur anderen, als hätte sie eine winzige Behinderung, als könnte sie umkippen.

Stöckelschuhe geben Frauen etwas Hilfloses. Und dreimal dürfen Sie raten, wer sich von dieser scheinbaren Schwäche der Frauen angezogen fühlt? Richtig, das angeblich starke Geschlecht! Ob beim Staatsempfang, bei der Geburtstagsparty oder auf der sündigen Meile: Wann immer Frauen sich die Aufmerksamkeit von Männern sichern wollen, schlüpfen sie in Stöckelschuhe.

Offenbar ist der Instinkt der Männer (»Schütze die schwache Frau!«) stärker als ihr Verstand (»Die kann heutzutage auf sich selber aufpassen!«); nur deshalb klappt der Stöckelschuh-Trick.

Das »Prinzip Hilflosigkeit« funktioniert auch am Arbeitsplatz. Zum Beispiel bekommt die junge Mitarbeiterin des Jugendamtes von ihrem Chef einen Arbeitsberg auf ihren Schreibtisch geladen, dessen Höhe ihr gar nicht gefällt. Tagelang müsste sie Gesetze wälzen, Präzedenzurteile durchforsten und Bescheide formulieren.

Diese Arbeit kommt ihr so ungelegen wie eine Reifenpanne auf der Autobahn, zumal sie nach wie vor um 15.30 Uhr in den Feierabend möchte. Was kann sie tun, um eine Art Pannenhilfe zu organisieren?

Kein Problem, die Notrufsäule ist nah: Mit dem Blick eines verstörten Mädchens torkelt sie ins Büro ihres Kollegen. Sie murmelt weinerlich: »Ich bin so was von fertig! Der Chef ist ja so gemein, der hat mich mit Akten überschüttet. Das schaff ich in Jahren nicht, ich könnte verzweifeln.« Sie legt ihr Gesicht in die Hände und bemüht sich um ein schluchzendes Geräusch.

Der Kollege ist mit einem Schlag hellwach, ein gelber Engel vom ADAC, den ein Notruf erreicht. Er muss seine Hand zügeln, dass sie der Kollegin nicht tröstend übers blonde Haar streichelt. Mit dem tiefsten Ton, den seine Stimme hergibt, sagt er: »Der Chef sollte sich mal schämen! Dir so einen Kummer zu machen.« Beim Wort »Kummer« dreht sie ihr Schluchzgeräusch noch lauter auf.

»Ganz ruhig«, sagt er. »Ganz, ganz ruhig. Nun hol doch erst mal ganz tief Luft. Was genau ist denn das Problem?«

Nun beginnt sie zu erzählen, dass dieser Aktenberg ihre Zukunft ruiniert, wenigstens die Abende der nächsten zwei Wochen. Der Kollege schlägt einen väterlichen Ton an: »Lass mal sehen, was dir der Chef da aufgeladen hat.«

Sie wehrt ab: »Nein, ist schon gut, da muss ich jetzt alleine durch.«

»Nun sei nicht so stur! Ich will nur mal einen Blick drauf werfen.«

Scheinbar widerwillig lässt sie sich von ihm in ihr Büro begleiten. Mit dem zupackenden Griff des Machers, den kein Hindernis schrecken kann, schnappt der Kollege sich eine Akte nach der anderen, überfliegt sie und gibt dann bekannt: »Alles kein Problem, mit etwas Erfahrung ließe sich das in drei Tagen erledigen.«

»Du hast gut reden«, presst sie heraus, »du arbeitest ja viel schneller als ich.«

»Nun ja«, sagt er gönnerhaft, »das kommt mit den Jahren. Dafür bin ich ja auch schon ein paar Tage älter als du.« (»Ein paar Tage« ist gut – er könnte ihr Vater sein!)

»Quatsch«, heuchelt sie, »du bist einfach besser.«

Er scheint vor lauter Wichtigkeit ein paar Zentimeter zu wachsen. Mit Wimper-Geklimper schaut sie zu ihm auf: »Ich möchte dich damit nicht länger belasten, ist schon gut.«

»Moment, Moment! Ich habe im Moment ohnehin nicht viel zu tun, deshalb …«

Und so schleppt der ADAC den Arbeitsberg von einem Büro ins andere, arbeitet ihn fleißig ab und bringt die Ergebnisse ein paar Tage später zurück. Sie, die ihren Feierabend wie bisher machen konnte und diese Arbeit natürlich als die ihre präsentieren wird – sie tut gerührt: »Wie soll ich dir bloß danken?« Er wüsste da schon eine Antwort, doch weil er »ein paar Tage älter« und ohnehin ein Gentleman ist, sagt er gönnerhaft: »Ist schon gut. Das nächste Mal hilfst *du* mir.«

10 Die zehn größten Kollegen-Lügen

Dass Kollegen lügen, sobald sie den Mund aufmachen, ist definitiv falsch: Sie tun es wahrscheinlich schon vorher! Kein Architekt könnte so raffinierte Lügengebäude entwerfen wie sie. Dieses Kapitel verrät Ihnen ...
- warum alle Kollegen, die angeblich nicht befördert werden wollen, besonders scharf darauf sind;
- weshalb bei seinem Gehalt kein Mensch die Wahrheit sagt;
- warum zwei Turteltauben ihre Beziehung abstreiten
- und weshalb der Zuruf »Du schaffst es schon!« oft »Stürz dich in dein Verderben!« meint.

Ehrlich gesagt ...

Ihr Kollege holt Luft, um etwas zu erzählen, dann legt er los: »Ehrlich gesagt ...« Was erwarten Sie nun? Die Wahrheit und nichts als die Wahrheit? Oder kann es sein, dass Sie die Lunte einer Lüge riechen? Warum muss er seine Ehrlichkeit betonen? Er hat Zweifelhaftes zu berichten!

Psychologen der Eastern Washington University fanden heraus: Wann immer Menschen versichern, sie wollten nicht lügen, hochstapeln oder angeben, werden sie von ihren Zuhörern für Lügner, Hochstapler oder Angeber gehalten. Oft zu Recht! Die Zahl der täglichen Schwindeleien ist, passend zum Thema, schwindelerregend hoch: Bis zu zweihundert Mal sagt ein Mensch zwischen Aufwachen und Einschlafen die Unwahrheit.

Und wie heißt der Platz, wo die Wahrheit am häufigsten verdreht wird? Er heißt: Arbeitsplatz! Hier erfahren Sie, welches die zehn häufigsten Lügen der Kollegen sind und wie es zu der Schwindelsucht kommt.

1. »Ich will gar nicht befördert werden«
Können Sie sich vorstellen, dass ein Hundert-Meter-Läufer behauptet: »Ich will nicht als Erster durchs Ziel«; ein Golfer: »Ich will das Loch gar nicht treffen«; ein Mittelstürmer: »Ich schieße am liebsten am Tor vorbei«? Nicht denkbar, sagen Sie?

Warum um alles in der Welt sollten Sie dann der Beteuerung eines Kollegen vertrauen, er wolle gar nicht befördert werden? Glauben Sie ernsthaft, er würde einen Chefsessel und vor allem ein Chefgehalt mit derselben Entschiedenheit ablehnen, mit der er ein Zeitschriftenabo an der Haustür zurückweist? Glauben Sie, er würde seinen Namen aus dem Beförderungsrennen ziehen und Ihren ins Spiel bringen, weil er Kollegialität größer als Karriere schreibt?

Natürlich nicht! Wer lauthals behauptet, kein Stuhl sei für ihn abstoßender als der Chefsessel, kann damit zwei Ziele verfolgen. Zum einen ist aus der Fabel bekannt, welche Trauben der hungrige Fuchs für ungenießbar erklärt: jene, die zu hoch für ihn hängen! Wer sagt, dass er nicht will, wird später nicht ausgelacht, wenn er nicht kann – im Gegensatz zu dem, der sich vergeblich streckt. Aber was, wenn dem listigen Fuchs die Trauben durch ein Beförderungsangebot vor die Füße fallen? Mit einem Haps wären sie verschlungen!

Zum anderen erfüllt das demonstrative Desinteresse eine taktische Funktion: Der Mittelstürmer tut so, als wäre er nicht mehr im Beförderungsspiel. Müssen Sie sich also anstrengen, wenn der Ball in den Strafraum segelt? Müssen Sie Selbst-PR betreiben, Überstunden machen, sich für den Aufstieg vor Ihrem Chef positionieren? Offenbar nicht, die Beförderung scheint Ihnen mangels Konkurrenz in den Schoß zu fallen.

Aber dann – Hokuspokus Fidibus! – taucht aus dem Nichts Ihr Kollege auf, hechtet nach dem Ball und schnappt Ihnen die Aufstiegschance vor der Nase weg. Was für den Golfer das Loch ist, ist für den Kollegen die Beförderung – sein wahres Ziel!

2. »Ich verdiene auch nicht mehr als du«

Der Mund ist ein Körperteil, den die Kollegen zu drei Zwecken öffnen: zum Essen, zum Gähnen und zum Übertreiben. Vorzugsweise prahlen sie mit dem, was sie gerade nicht haben, zum Beispiel mit einem guten Draht zum Chef, einem abbezahlten Haus oder mit erstklassigem Sex. Aber in einigen Fällen, etwa bei Schuldenbergen, läuft es umgekehrt: Man wuchert nicht mit seinem Pfund, man redet es kleiner. Das Prinzip der Tiefstapelei hat sich auch beim Gehalt bewährt. Was hätte Ihre Kollegin davon, Ihnen auf die Nase zu binden, dass sie für dieselbe Arbeit zwanzig Prozent mehr kassiert? Zwei Probleme! Das erste mit Ihnen, denn vielleicht schalten Sie den Motor Ihrer Hilfsbereitschaft um zwei Gänge runter (*»Soll sie doch schuften, schließlich wird*

sie auch dafür bezahlt!). Das zweite mit Ihrem Chef, sofern Sie im nächsten Gehaltsgespräch mit den Bezügen Ihrer Kollegin argumentieren – völlig klar, wem er »Geheimnisverrat« vorwerfen und den Kopf abreißen wird!
Während in Amerika alle stolz sind, wenn einer viel verdient, sind in Deutschland alle neidisch. Die schlechter bezahlten Kollegen fassen sich nicht an die eigene Nase, wenn sie nach den Gründen für die Misere suchen, sondern weisen mit dem Finger auf den Besserverdiener, als hätte der ihnen das Geld eigenhändig aus der Lohntüte geklaut. Deshalb ist die Tiefstapelei beim Gehalt auch ein Schutzreflex, für den sich niemand schämen muss – bis auf die Bosse, die so ungerecht bezahlen!

3. »Ich hab nichts gegen dich«
Es war ein Zufall, der Jenny Schwörer (28) die Augen öffnete. Sie war auf dem Weg zur Kaffeeküche, als sie von dort ihren Namen vernahm. Dann feixendes Gelächter. Sie blieb stehen und hörte zwei Kolleginnen. Die beiden lästerten – über sie! Über ihre Kleidung, die »völlig an der Jahreszeit vorbeiginge«; über ihre englische Aussprache, die »ein Bayrisch und kein British English« sei; und über ihr Parfüm, das angeblich so widerlich roch, »dass sie damit im Elefantenhaus nicht auffiele« (lautes Gelächter!).
Die Stimme der Wortführerin hatte sie sofort erkannt: Es war Hanna, ihre ältere Kollegin aus dem Sekretariat. Dieselbe Hanna, die unter vier Augen immer wieder Jennys »fesche Mode« gelobt hatte; dieselbe Hanna, die jeden zweiten Tag mit ihr zum Mittagessen ging; dieselbe Hanna, die vor ihr sogar die Schulprobleme ihrer Tochter ausbreitete.

Noch am Nachmittag knöpfte sich Jenny Schwörer die Kollegin vor: »Was hast du eigentlich gegen mich?«
»Ich?« Die Kollegin zog ein Gesicht, als sollte sie für einen Bankraub verhaftet werden, von dem sie nicht einmal gehört hatte.
»Ist sonst noch jemand im Raum?«
»Du weißt doch, dass wir uns gut verstehen. Ich hab nichts gegen dich.«
»Und was war heute in der Kaffeeküche?«
»In der Kaffeeküche??« Wieder schaute sie so, als wäre ihr diese Ortsbezeichnung so fremd wie ein Dorf im Himalaja.
»Oder soll ich ›Elefantenhaus‹ sagen?«
Jenny Schwörer war, als habe die Kollegin gezuckt, ehe sie wieder die Begriffsstutzige gab: »Hä? Muss ich das jetzt verstehen?«
Freundlichkeit ist eine Währung, die an den Arbeitsplätzen in inflationären Mengen gehandelt wird und folglich nichts wert ist. Wer seinen »Freunden« für eine hundertstel Sekunde den Rücken zudreht, muss damit rechnen, dass sich ihre Zahl um 50 bis 100 Prozent reduziert. Dieselben Münder, die gerade noch Liebenswürdigkeiten sagten, geifern dann Gehässigkeiten. Jedes Mobbingopfer kann ein Lied davon singen, wie schnell die Loyalität zur Lüge und der Verbündete zum Verräter wird.

4. »Mit dem Fehler habe ich nichts zu tun«
Der Erfolg hat viele Väter – Fehler sind Waisenkinder! Ob ein Liefertermin verpasst wird, ein Kunde verprellt, eine Million verschwendet, immer bekommt man auf die Frage, wer verantwortlich sei, von den Kollegen dieselbe Antwort:

»Ich nicht!« Der Schwarze Peter wandert von einem zum anderen, bis er sich in der Hand desjenigen festsetzt, der ihn nicht schnell und dreist genug weiterreicht. Gerade die Unschuldigen, die Gutgläubigen, die Naiven finden sich oft in der Rolle des Sündenbocks wieder, während die Gewohnheitslügner als Unschuldslämmer blöken.

Aber warum scheuen sich die meisten Kollegen, zu einem Fehler zu stehen? Predigen die Manager nicht alle naselang: »Fehler sind eine Lerngelegenheit!« Ja, aber die Bosse handeln anders. Was für die Kirche der Teufel ist, ist fürs Management der Fehler. Mit Richtlinien, mit Normen, mit strenger Kontrolle versuchen sie, ihre Firma zur fehlerfreien Zone zu erheben. Wehe dem, der ihnen ins Handwerk pfuscht!

Wer sich freimütig zu einem Riesenfehler bekennt, der könnte – je nach Temperament des Chefs – genauso gut freiwillig den Zweitnamen »Versager« annehmen, seine Kündigung einreichen oder sich aus dem Fenster des zehnten Stocks stürzen.

Diese düstere Prognose erklärt, dass die Großraumbüros nach Fehlern wie nach einem Atomraketenangriff wirken: völlig ausgestorben. Die Kollegen ziehen die Köpfe ein, tarnen sich durch Schweigen, verweigern den Blickkontakt. Bloß nicht auffallen, wenn die eiserne Hand des Cheffahnders nach einem Sündenbock greift. Vor allem dann, wenn man selbst den Fehler begangen hat.

5. »Nein, wir sind kein Paar«

Die Art, wie die beiden sich anschauen – immer einen Tick zu tief. Die Art, wie die beiden sich berühren – immer einen Tick zu lang. Die Art, wie er und sie miteinander reden – mal necken sie sich, wie zwei Pubertierende in der Kuschelecke, dann flüstern sie wie Geheimnisträger. Und jeden Abend packt er seine Sachen exakt zwei Minuten, nachdem sie das Büro verlassen hat. Neulich wurden die beiden auf dem Wochenmarkt gesehen. Sie hielten Händchen!

Aber glauben Sie bloß nicht, die Beweislage sei eindeutig! Glauben Sie bloß nicht, dass die beiden sich freimütig als Liebespaar zu erkennen geben! Nein, auf vorsichtige Nachfrage ernten Sie den Satz: »Quatsch, wir sind kein Paar!« Dürfen Sie ihr also weiterhin ins Ohr flüstern, was Sie charakterlich von ihm halten, nämlich herzlich wenig? Oder ihn darauf hinweisen, dass ihre Arbeit so viele Fehler enthält wie ein Schweizer Käse Löcher?

Solche Schüsse gehen nach hinten los. Sobald Sie den Verdacht haben, dass zwei nicht nur den Arbeitsplatz, sondern auch das Bett teilen, sollten Sie jedes Wort auf die Goldwaage legen – in der Gewissheit, dass es, mit leichter Verzögerung, von vier Ohren gehört wird.

Wie erklärt es sich, dass zwei Turteltauben ihre Liebe bis zum letzten Augenblick verleugnen (eines Tages, spätestens beim Tragen von Eheringen, fällt es dann doch auf)? Das hat mit Selbstschutz zu tun: Wer will schon vor Menschen, die er sich nicht aussuchen kann, also Kollegen, in der einen Woche seine große Liebe verkünden (neidische Gesichter!) und in der nächsten womöglich die Trennung (entspannte Gesichter!). Auch gibt es Arbeitgeber, besonders amerikanische Firmen, die Zärtlichkeiten zwischen ihren Mitarbeitern per Arbeitsvertrag untersagen wollen. In der Geschäftswelt reimt sich »Paar« nicht auf »wunderbar«, eher auf: angreifbar!

6. »Ich sag dem Chef meine Meinung«

Glaubt man den Kollegen, was sie so ankündigen, hat der Chef ein echtes Problem; fast täglich verspricht einer: »Dem sage ich meine Meinung!«

Nun wäre der Vorgang, dass ein Mensch seine Meinung sagt, in einer Demokratie noch nichts Spektakuläres. Ganz anders, wenn es sich bei dem Kritiker um ein Arbeitstier und bei dem Kritisierten um ein Alphatier handelt. Denn eigentlich fließt Kritik in den Firmen nach dem Gesetz der hierarchischen Schwerkraft: von oben nach unten, nicht umgekehrt.

Einen Haken hat die Sache allerdings: Solche Gespräche werden im Kollegenkreis nur angekündigt, aber unter vier Augen geführt. Und derselbe Kollege, der mit Kriegsgeheul aufs Chefbüro losgeht, schrumpft vor dem Chef wie ein Luftballon beim Nadelstich zusammen. Aus der »Meinung«, die er sagen wollte, wird das Piepsen eines Mäusleins: »Vielleicht« – er räuspert sich – »vielleicht hätte man das auch anders entscheiden können.«

Der Chef schaut den Mitarbeiter drohend an: »Was meinen Sie mit ›vielleicht‹?«

»Nun ja, dass, dass …«

»Dass?«

»Eigentlich meine ich gar nichts. Ich wollte nur sagen, dass die Umsetzung nicht ganz so einfach ist.«

Nach dem Hinweis, dass er genau dafür bezahlt werde, verlässt der Mitarbeiter das Chefbüro mit einem so tiefen Bückling, dass sein Haar fast den Fußboden wischt. Doch sobald ein Kollege in Sichtweite kommt, straffen sich seine Körperzüge. Er versucht, die ruppige Zufriedenheit eines

Westernhelden zu verströmen, der gerade ein Duell gewonnen hat, Motto: »Dem hab ich's aber gegeben!« Wenn die Kollegen wüssten ...

7. »Ich nehme es auf meine Kappe«

Das Kind war in den Brunnen gefallen, ganz tief sogar. Eigentlich hätte das neue Intranet des mittelständischen Maschinenbauers zu Beginn des neuen Jahres funktionieren sollen. Das hatte die Geschäftsleitung mit großem Brimborium verkündet, zuletzt in der Weihnachtsansprache. Doch nun, am 7. Januar, funktionierte das alte Intranet nicht mehr und das neue noch nicht. Die Firma stand ohne da! Und der Geschäftsführer im fünften Stock grollte so laut, dass die Decke bebte.

Doch Susanne Oppel (47), die das Projekt geleitet hatte, sagte zu ihren Kollegen: »Ich nehme alles auf meine Kappe!« Keine schlechte Idee, schließlich war sie es gewesen, die den unrealistischen Termin angenommen, die Arbeit nach dem Chaosprinzip verteilt und sich etliche Schnitzer erlaubt hatte.

Der Geschäftsführer ließ das ganze Projektteam in seinem Büro antanzen: »Ich möchte eine Erklärung!«

Susanne Oppel trat nach vorne: »Ich übernehme die Verantwortung.«

»Woran lag es genau?«

Nun kam die Projektleiterin in Fahrt: Sie beschrieb, welcher Kollege woran gearbeitet hatte und welche Schwierigkeiten es dabei gab. Kein Detail zu ihrer Entlastung ließ sie aus, nicht einmal die Tatsache, dass einer der Softwareentwickler vor Weihnachten »unglücklicherweise drei Tage krank« gewesen sei. Jedes einzelne Teammitglied wurde namentlich erwähnt.

Am Ende stand sie da wie eine Feldherrin, die nicht an sich, sondern an ihren Truppen gescheitert war. Das Brandmal des Misserfolgs war von ihrer Stirn auf die der Kollegen übergesprungen.

8. »Ich kann auch ohne die Arbeit«

Hört man die Kollegen im Büro so stöhnen, klagen, jammern, könnte man meinen: Nichts trübt ihre Lebensfreude so sehr wie die Tatsache, dass sie jeden Tag an den Arbeitsplatz müssen – statt freie Bahn zum Strand, zum Pferdehof oder zu einem anderen Ort ihrer Wahl zu haben. So mancher kündigt an, was er nach einem Lottogewinn als Erstes täte: den Arbeitsvertrag zerreißen. Als wäre die Kündigung eine Befreiung. Als könnte er auch ohne die Arbeit.

Doch in Umfragen fand man heraus, dass die Mehrzahl der Deutschen nach einem Millionengewinn im Lotto dasselbe wie vorher täte – jeden Tag zur Arbeit gehen. Eine Überraschung? Nicht wirklich. Denn worüber spricht ein Mensch bei jeder Gelegenheit, sogar im Ehebett vorm Einschlafen oder nach dem Aufwachen? Über seine Arbeit! Was verrät er zuerst über sich, wenn er jemanden auf einer Party kennenlernt? Seinen Beruf! Und woran merkt er jeden Tag, dass sein Leben einen Sinn hat, dass er gebraucht wird und etwas kann? An der Tatsache, dass ihn – treffender Ausdruck – »die Arbeit ruft«!

Forscher wollten ganz genau wissen, wie es Menschen *ohne* Arbeit geht: Wer seinen Arbeitsplatz verliert, dessen Glücksgefühl sinkt auf einer Skala von zehn bis hundert um sechs Punkte – zwei Punkte mehr als bei einer Verwitwung (wie Richard Layard in seinem höchst spannenden Buch *Die glückliche Gesellschaft* berichtet)! Offenbar definieren sich Menschen über ihren Beruf.

Das ist auch der Grund, warum viele Kollegen kein Datum so sehr fürchten wie ihren Renteneintritt. Was sollen sie danach bloß mit ihrer Zeit, mit sich und mit ihrem womöglich nervigen Ehepartner anfangen? Viele lösen das Problem auf eigene Weise: Sie starten als Rentner eine zweite Berufslaufbahn. Der eine als Zeitungsausträger. Der andere als Bundeskanzler. Adenauer war dreiundsiebzig, als er ins Amt kam.

9. »Ich bin glücklich verheiratet«

Es gibt zwei Formen von Eheglück: echtes und vorgetäuschtes.

Interessanterweise präsentieren diejenigen, die in einer wirklich erfüllten Partnerschaft leben, ihr Glück den Kollegen nicht wie einen Tennispokal. Sie müssen niemandem etwas beweisen – sie genießen stumm! Nur winzige Anzeichen, etwa funkelnde Augen am frühen Morgen, deuten am Arbeitsplatz auf ihre harmonische Zweisamkeit hin.

Andere Kollegen drehen den Lautstärkeregler voll auf: Sie singen dreimal am Tag die Hymne »Mein Partner ist ja so toll!«.

Da gibt es den Kollegen, der dauernd erwähnt, seine Frau werde auf der Straße von Fotografen angesprochen, ob sie nicht Lust habe, die Nachfolge von Claudia Schiffer anzutreten (was sie freilich, mit Hinweis auf ihren Göttergatten, resolut zurückweist).

Da gibt es die Kollegin, die von ihrem Mann schwärmt wie ein Teenager von einem Popstar. Jeden Tag bringe er ein kleines Vermögen nach Hause (denn er ist Großverdiener), jeden Abend zaubere er das Abendessen auf den Tisch (denn er will seine Gemahlin schonen). Seine Rosensträuße sind angeblich so groß, dass er sie nur mit offenem Verdeck transportieren kann. Und natürlich ist er »auch als Heimwerker ein Genie«, das nur deshalb die Glühbirne nicht erfindet, weil sie schon erfunden ist.

Bei so viel Schwärmerei werden die umstehenden Kollegen schmerzlich daran erinnert, dass ihr Partner ein kleineres Gehalt, ein größeres Bäuchlein und auch sonst ein paar Macken hat, die ihn als Supermann (oder -frau) disqualifizieren. Und war genau dieser Effekt, das Wecken von Neid, nicht auch beabsichtigt?

Allerdings fällt auf: Die Haltbarkeit dieser hymnisch besungenen Ehen wird oft von der frischer Erdbeeren übertroffen (während das stille Glück über Jahrzehnte hält). Aber flugs schließen die Glückslautsprecher eine neue Ehe – und ihre Hymne beginnt von vorne.

10. »Du schaffst das schon!«

Stellen Sie sich einen reißenden Fluss vor, mit Wasserfällen und Strudeln, endlos tief. Am Ufer steht ein zögernder Mensch: Soll er versuchen, auf die andere Seite zu schwimmen? Oder besser nicht? Ein paar Damen und Herren, auf dem Weg zur sicheren Brücke, rufen ihm zu: »Du schaffst das schon!«

Also springt er – und ersäuft.

Ebenso läuft es im Büro. Was rufen die Kollegen, wenn einer vor lauter Arbeit am Ertrinken ist, aber einen weiteren Großauftrag auf sich zurollen sieht? Was rufen sie, wenn ein Berufsanfänger vor einem Projekt steht, das für ihn mit Sicherheit wie ein Kamikazeflug endet? Was rufen sie, wenn einer nach dem ersten Herzinfarkt und der zweiten Kur gleich wieder den schwersten Arbeitsrucksack tragen soll? Sie rufen: »Du schaffst das schon!«

Dieser Satz meint natürlich *nicht*, dass einer es schafft, er meint nur, dass er es schaffen *soll*, also: »Ich wünsche dir, dass du es schaffst.« So wie einem Todkranken von seinen Angehörigen bis zuletzt eine stattliche Lebenserwartung vorgegaukelt wird.

Doch was als Ermutigung gemeint ist, wird bei der Arbeit zur Hypothek. Wer würde ein Projekt ablehnen, das ihm (scheinbar) alle zutrauen? Das kitzelt falschen Ehrgeiz wach und schläfert richtige Bedenken ein.

Ebenso kann »Du schaffst das schon!« ein Schutzschild sein, hinter dem sich die Interessen der Kollegen verkriechen.

Denn was passiert, wenn einer den Arbeitsberg ablehnt? Dann muss die Aufgabe dennoch gemacht werden – von den Kollegen. Sie denken sich: Besser eine falsche Ermutigung rufen (und weniger Arbeit haben), als sie zugerufen zu bekommen (und selbst unter der Arbeit zu ersticken).

11 Die mobbende Meute

Wenn der Job zur Hölle wird, liegt das oft am teuflischen Treiben der Kollegen: Sie isolieren, diffamieren und terrorisieren ihr Opfer, bis es reif für die Nervenklinik ist. In diesem Kapitel lesen Sie …

- wie eine schüchterne Kollegin als »Frau Schweiger« zum Gespött der ganzen Firma wird;
- welche Verbindung es zwischen Mobbing und der Mafia gibt;
- wie eine Controllerin eines Tages ein zertrümmertes Sparschwein als unheimliche Drohung auf ihrem Schreibtisch findet
- und warum der Fisch beim Mobbing nicht nur vom Kopf her stinkt.

Die Masken des Terrors

Mobbing hat zwei Gesichter: eine Fratze, die jeder sieht, und eine Maske, hinter der es sich versteckt. Das offensichtliche Mobbing haust im Keller der Hierarchie: Wenn die Hilfsarbeiter einen Kollegen nicht leiden können, verpassen sie ihm eine Abreibung. Sie brüllen ihn so laut an und grenzen ihn so klar aus, dass es jeder hört und sieht.

Das Opfer muss sich mit den Tätern quälen, nicht aber mit dem Nachweis, dass es gemobbt wird. Zumal die einfach strukturierten Angreifer auf Nachfrage oft bekennen: »Der Kollege hatte die Abreibung verdient!« Diese Mobbingfratze ist nicht zu übersehen, auch nicht für den Chef, die Kollegen und den Betriebsrat; alle können eingreifen. Sofern sie wollen!

Eine subtilere Form des Psychoterrors verseucht die höheren Etagen der Hierarchie, die Handelshäuser und Ingenieurbüros, die Lehrerzimmer und Behörden, die Redaktionen und Agenturen. Hier, wo die Menschen eher mit dem Kopf als mit den Händen arbeiten, findet kein offener Kampf mehr statt; hier trägt das Mobbing eine Maske.

Wie soll der Angestellte nachweisen, dass die Kritik an seiner Arbeit eigentlich auf ihn als Person zielt? Wie soll er belegen, dass ein neidischer Blick, ein hämisches Grinsen, eine spitze Bemerkung nicht zum gewöhnlichen Umgang gehören, sondern die kleinsten Einheiten einer Vernichtungskampagne sind?

Die Mobber schlagen zu, ohne Spuren zu hinterlassen. Wenn der Angegriffene aufschreit, können sie ihn als »überempfindlich« oder »unkollegial« hinstellen. Schnell sind die Rollen zwischen Opfer und Täter vertauscht.

Wie maskiert sich Mobbing? Hier drei beliebte Varianten:

1. Spitze Bemerkungen

Unter Kollegen geht es flapsig zu. Sie ziehen sich auf und nehmen ihre Schwächen aufs Korn. Doch wer definiert, wann ein Witz nicht mehr komisch, sondern nur noch verletzend ist? Wer sagt, wo die üblichen Späße aufhören und das üble Mobbing anfängt? Weil diese Grenze fließend ist, können die Angreifer sie ohne Risiko überschreiten.

Da ist die junge Bürokauffrau Ida Beckmann (24), die fleißig ihre Arbeit macht, in den Teamrunden aber kaum mitredet. Die Kollegen nennen sie bald »Frau Schweiger«, ein Spitzname, der durchs ganze Haus eilt. Die Kollegen machen sich einen Spaß daraus, sie nicht mehr mit Worten, sondern nur mit einer stummen Verbeugung zu begrüßen. Sie möchte jedes Mal im Boden versinken!

Einmal sitzt Ida Beckmann in einem Meeting, da tritt ein Kollege hinter sie und spielt, mit den Armen fuchtelnd, einen Gebärden-Dolmetscher: »Das will sie uns mit ihrem Schweigen sagen!« Die Kollegen halten sich die Bäuche vor Lachen.

Schließlich kursiert eine Rundmail, in der ein Kollege zu dem fiktiven Kinofilm »Das Schweigen der Belämmerten« einlädt (»Horror vom Feinsten!«). Ihr Name ist zwar nicht genannt, aber jeder weiß, wer gemeint ist. Diese Angriffe lassen Ida Beckmann völlig verstummen; schon beim Grüßen hat sie Angst, etwas Falsches zu sagen. Sie zieht sich zurück, wird traurig, bekommt Weinkrämpfe im Büro. Danach sprechen die Kollegen von »Frau Salzwasser«.

Wohlgemerkt: Kein Tritt wurde ausgeteilt, kein Schimpfwort ist gefallen. Hier griffe jedes Gesetzbuch ins Leere. Die Mobber haben ihren Psychoterror als »Necken unter Kollegen« getarnt. Auf Nachfrage würden sie jeden Vorwurf von sich weisen und ihre Kollegin als »krankhafte Mimose« bezeichnen. Dabei wusste schon der Philosoph Friedrich Nietzsche: »Nicht durch Zorn, sondern durch Lachen tötet man.«

2. Isolationsfolter

Das Isolieren beginnt schleichend, zum Beispiel so: Alle Kollegen grüßen sich mit Namen, nur Hennes Oppel (48) hört lediglich ein »Hallo« (was soll er dagegen unternehmen?). An seinem Geburtstag bekommt er kein Geschenk wie all die anderen, nur einen feuchten Händedruck (Geschenke kann man nicht einklagen).

Schließlich wird er beim Grüßen völlig übersehen (immer noch kein Fall für den Betriebsrat), sein nächster Geburtstag gerät in Vergessenheit (was soll man da machen?), und in der Kantine sind Plätze, auf die er sich setzen möchte, »leider schon reserviert« (könnte ja stimmen). Kleine Grüppchen auf dem Flur stieben auseinander, wenn er sich zu ihnen gesellen will (weise das mal einer nach).

Und schließlich verfehlen ihn wichtige Informationen – etwa dass ein Kunde kurz vor der Pleite steht und nicht mehr beliefert werden darf. Also begeht er Fehler, das verstärkt seine Ausgrenzung. Also bekommt er von den Kollegen noch weniger Infos, seine Fehler werden häufiger. Das verbittert ihn, er beschimpft die Kollegen und meidet den Kontakt.

Die Angreifer haben ihn dorthin manövriert, wo sie ihn haben wollten: in ein Abseits, das er *scheinbar* selbst gewählt hat. Auf Nachfrage des Chefs beteuern die Kollegen: »Herr Oppel grenzt sich aus!« Als wäre es kein Affront der Gruppe gegen ihn – sondern ein Affront von ihm gegen die Gruppe.

3. Arbeit als Waffe

Eine Fußballszene: Der Mittelstürmer in guter Schussposition, doch er haut den Ball einen gefühlten Kilometer am Tor vorbei. Und was sagt er später im Interview? Es habe gar nicht an ihm gelegen – sondern an einem unbemerkten Foul!

Die Glaubwürdigkeit eines Kollegen, der seine Arbeitsfehler den äußeren Umständen zuschreibt, ist ebenso gering. Wobei der Stürmer per Zeitlupenvideo nachweisen könnte, dass er recht hat – während der Arbeitskollege der »Tatsachenentscheidung« seiner Umwelt ausgeliefert ist. Ideale Voraussetzungen für Mobbing!

Zum Beispiel wird ein Kollege mit Arbeit so überschüttet, dass er kein Land mehr sieht. Doch sobald er den Überblick verliert, einen Termin verpasst, zwei Zahlen verwechselt, einen Kunden verprellt, stürzen sich die Kollege auf ihn wie Jagdhunde auf ihre Beute: »Du ruinierst das Ergebnis unseres Teams!«

Oder der Kollege bekommt Arbeiten zugeschoben, für die er nicht qualifiziert oder ausgestattet ist. Da soll der Buchhalter, der nur das deutsche Recht beherrscht, in Windeseile eine amerikanische Bilanz anfertigen. Da soll eine Marketingspezialistin, die zu wichtigen Geschäftszahlen keinen Zugang hat, eine Marktanalyse erarbeiten. Da soll ein Reisekaufmann, der kein Budget für eigene Reisen hat, seinen Kunden Vorträge über einen Urlaubsort am anderen Ende der Welt halten. Aber wie bloß?

Wer überfordert ist, begeht unvermeidlich Fehler. Dafür machen ihn die Kollegen nieder. Sein Selbstbewusstsein schwindet, und die Zahl der Fehler, nun auch der vermeidbaren, steigt rapide. Die Mobber tun so, als wäre das nichts Neues, als hätten genau solche Patzer ihre Angriffe heraufbeschworen.

Wer ist Opfer, wer Täter? So manches Mobbingopfer wünschte sich eine klärende Zeitlupe!

Gesteinigt und gepeinigt

Es war Konrad Lorenz, der große Naturforscher, der den Begriff »Mobbing« prägte: Er hatte beobachtet, wie Gänse sich auf einen Fuchs stürzten. In den 1980er Jahren übertrug der Psychologe Heinz Leymann den Begriff aufs Berufsleben. Seine Arbeiten, zunächst in Schweden publiziert, fanden Widerhall in ganz Europa. Überall meldeten sich Menschen, die sich gesteinigt und gepeinigt von ihren Kollegen (und Chefs) fühlten.

Der Begriff »Mobbing« brachte die Situation der Bedrängten auch sprachlich auf den Punkt. »To mob« heißt im Englischen so viel wie »über (jemanden) herfallen«. Das Hauptwort »Mob« steht für »Pöbel«, »Horde«, »Schar«. Und wenn der Engländer »the Mob« groß schreibt, ist damit die Mafia gemeint.

Die Kollegen, die bis dahin als Schicksalsgenossen galten, als Arbeitnehmer in einem Boot, erschienen plötzlich als Jäger und Gejagte. Offenbar machten sie sich untereinander die Hölle heiß.

Heinz Leymann legte großen Wert darauf, Mobbing von normalem Zwist abzugrenzen. Er schlug fünf Voraussetzungen vor:

1. Ein Mensch ist Angriffen ausgesetzt – Angriffen auf die Möglichkeit, sich mitzuteilen, auf soziale Kontakte, auf sein Ansehen, auf seine Arbeits- und Lebensqualität sowie auf seine Gesundheit.
2. Diese Angriffe ereignen sich mindestens einmal pro Woche.

3. Die Angriffe dauern mindestens ein halbes Jahr an.
4. Das Opfer wird isoliert und eingeschränkt.
5. Es gibt einen oder mehrere Angreifer.

Diese Definition macht den Unterschied zu alltäglichen Spannungen deutlich. Normale Kritik bezieht sich auf das Verhalten, nicht auf die Person. Normale Neckerei spaßt mit einem Menschen, statt sein Ansehen zu vernichten. Und beim normalen Streit haben sich zwei Menschen gleichermaßen in den Haaren, statt dass einer Täter ist und einer Opfer.

Nur in einem Punkt will mir die Definition von Leymann nicht gefallen: Sie erkennt Mobbing erst an, wenn es sich mindestens über ein halbes Jahr erstreckt. Aber was ist, wenn ein Mensch bereits nach sechs Wochen unter dem Terror seiner Kollegen zusammenbricht? Oder nach fünf Monaten und neunundzwanzig Tagen? Ist er dann kein Mobbing-Opfer, sondern ein Sensibelchen?

Nach meiner Erfahrung hängt die Wirkung der Angriffe davon ab, mit welcher Härte sie gefahren werden, wohin sie zielen und wie das Opfer sie wahrnimmt. Beispiel: Eine Klientin von mir hatte sich in einer Sachfrage mit den Kollegen überworfen. Da passierte das Unfassbare: Immer öfter liefen die Kollegen humpelnd an ihr vorbei – sie äfften ihren Gang nach, denn sie hatte einen Klumpfuß! Es dauerte keine vier Wochen, bis sie so am Ende war, dass ich sie selbst bei einem Psychologen vorbeibrachte.

Die Mafia der Mobber hatte sich gezielt auf die Achillesferse ihres Opfers eingeschossen. Wenige Treffer an dieser Stelle reichten aus, um das gewünschte Ergebnis zu erzielen. Wenn

das kein Mobbing war, dann war der *Little Boy* in Hiroschima keine Bombe!
Mobber sind Feiglinge, sie gehen auf Schwächere los. Eine Umfrage des Markt- und Sozialforschungsinstituts Ifak in Taunusstein ergab: Von den über Fünfzigjährigen fühlt sich jeder Sechste gemobbt, bei den unter Dreißigjährigen ist es nur jeder Zwölfte! Ältere Mitarbeiter werden in etlichen Firmen gedrängt, Platz für die Jüngeren zu machen. Eine Entlassung würde hohe Abfindungen kosten. Aber wenn die Kollegen die Älteren rauskeln? Kostet das gar nichts! Viele Chefs stiften ihre Mitarbeiter zu solchen Attacken an und spielen dann die Unschuld vom Firmenlande.
Auch Leiharbeiter und Praktikantinnen werden öfter gemobbt oder sexuell belästigt als die festangestellten Arbeitnehmer. Offenbar genießt die eigene Truppe mehr Deckung von oben als die Söldner. Im Zweifelsfall schaffen die Chefs das Problem auf unkomplizierte Weise aus der Welt: Sie schicken die rechtlosen Zeitarbeiter dorthin, woher sie auch kamen: vor die Tür.

Das zerschlagene Sparschwein

Alle Lichter im Firmengebäude waren erloschen, nur die Controllerin Ines Heiden (44) brütete noch über Statistiken. Ihr Chef hatte gefordert: »Morgen will ich den Abschluss endlich haben!« Seit Wochen lief sie Kollegen hinterher, die sie mit Zahlen unterstützen mussten. Doch deren Versprechen führten alle zum gleichen Ergebnis: nichts geschah.
Wie sollte sie den Abschluss erstellen, solange ihr Zahlen fehlten? Genauso gut hätte man einem Bäcker das Mehl

verweigern, ihn aber zum Brotbacken auffordern können. Doch ihr Chef meinte nur: »Es gehört zu Ihrem Job, dass Sie sich diese Informationen besorgen. Ihr Vorgänger hat das doch auch geschafft.«

Etwa vor eineinhalb Jahren hatte sie die Nachfolge eines gemütlichen Graubarts angetreten, der nach dreißig Betriebsjahren in Rente ging. Bei ihrer Einstellung hatte der Chef gesagt: »Durch unser Controlling muss ein neuer Wind wehen. Ihr Vorgänger war mit so vielen Kollegen auf Du und Du, dass er keinem etwas wegnehmen wollte.«

Der Geschäftsführer beauftragte sie, die branchenüblichen Kosten mit den eigenen zu vergleichen, Sparvorschläge mit den Abteilungsleitern zu entwickeln und dann über die Einhaltung zu wachen. Was blieb ihr übrig, als die Anweisungen des Chefs umzusetzen? Dafür hatte er sie eingestellt.

Doch vom ersten Tag an rannte sie gegen Mauern. Jedes Mal, wenn sie das Wort »Einsparung« in den Mund nahm, verzogen ihre Kollegen das Gesicht. Alle schworen, in ihrer Abteilung seien »alle Sparpotenziale ausgereizt«. Nach ein paar Monaten wurde der Ton ruppiger; der Produktionsleiter zischte: »Ihr Vorgänger war noch ein Mensch! Aber Sie gehen über Leichen, Sie haben die Sparseuche eingeschleppt!«

Am liebsten hätte Ines Heiden entgegnet: »Die Sparpläne kommen doch vom Geschäftsführer! Ich bin nur ausführendes Organ.« Aber damit wäre sie nicht nur illoyal gewesen, sondern hätte sich auch zur Handlangerin degradiert.

Am Ende ihres ersten Jahres hatte die Stimmung den Tiefpunkt erreicht. Einmal bestellte sie in der Kantine ein Zürcher Geschnetzeltes. Der Teller, den man ihr über die Theke reichte, war nicht einmal zu Hälfte gefüllt. Sie reklamierte. Die Küchenhilfe grinste und rief: »Für Sie gibt es die Sparportion! Wir haben schon gehört, dass Sie auch Kantinenpersonal streichen wollen.« Offenbar hatten die Kollegen gegen sie Stimmung gemacht.

Immer öfter grüßte sie, ohne gegrüßt zu werden; ließ sich im Telefon auf Rückruf stellen, erhielt aber keine Rückrufe; bekam auf ihre Mails, in denen sie um Sparvorschläge bat, feurige Anklageschriften gegen die »Sparwut« als Antwort, mit der halben Firma im Verteiler. Öffentliche Hinrichtungen!

Eines Nachmittags, als sie von einer Sitzung zurückkam, fuhr ihr ein Schrecken in die Glieder: Ihr Schreibtisch war übersät mit Splittern. Sie sah genauer hin: Zwischen den Scherben ragte ein winziger Kopf heraus – der Kopf eines geborstenen Sparschweins. Unter den Scherben fand sie einen Zettel, auf dem es hieß: »So enden Sparschweine!«

War das eine Morddrohung? Sollte sie damit zur Kripo gehen? Oder hätte man sie dort nur ausgelacht und von einem schlechten Scherz gesprochen? Ihren Chef wollte sie nicht informieren, der kreidete ihre Probleme mit den Kollegen nicht diesen, sondern ihrer »Durchsetzungsschwäche« an. Dabei war er es, der in den Meetings peinlichst darauf achtete, dass die brisanten Sparvorschläge nicht aus seinem Mund vorgetragen wurden, sondern von ihr!

Offenbar war sie hier der Prellbock. Die Prügel, die sie von den Kollegen kassierte, galten eigentlich dem Chef und seinen Sparvorschlägen. Doch beide Seiten, die Kollegen und der Chef, schienen erleichtert, dass es nicht zu einer direkten Konfrontation kam, sondern dass sie sich an ihr abreagieren konnten.

Auf einmal konnte sie nachts nicht mehr durchschlafen und hasste ihren Beruf. Auf einmal fühlte sie sich in der Firma wie in einem Feindesland. Ihr Magen krampfte sich zusammen. Sie bekam rote Flecken im Gesicht. Und wenn sie nach Hause kam, dachte sie nur noch über ihr Elend nach, statt wie früher mit Freunden etwas zu unternehmen.

Am Morgen nach der langen Nacht des Quartalsabschlusses folgte die endgültige Katastrophe: Als sie die Datei mit den Abschlussdaten öffnete, gähnte sie ein leeres Dokument an. Leer? Sie konnte es nicht fassen! War sie in der letzten Nacht so müde gewesen, dass ihr beim Speichern ein Fehler unterlaufen war? Sie klickte die »Eigenschaften« des Dokuments an: »Zuletzt gespeichert um 6.20 Uhr.«

Ein Kollege musste im Morgengrauen ihre Daten gelöscht haben. Sie weinte und ließ sich krankschreiben. Drei Wochen später flatterte ihr eine betriebsbedingte Kündigung ins Haus, mit fadenscheiniger Begründung (man wolle »aus betriebsbedingten Gründen« das Controlling einsparen). Sie verzichtete auf eine juristische Schlacht – sie wollte nur noch ihre Ruhe haben.

Der Fisch stinkt auch vom Schwanz her

Stinkt der Fisch vom Kopf her? Gehört zu Kollegen, die mobben, nicht immer ein Chef, der sie mobben lässt? Wäre es nicht die Pflicht des Geschäftsführers gewesen, sich hinter seine Mitarbeiterin zu stellen, etwa durch einen Satz wie:

»Wer Frau Heiden angreift, greift auch mich an. Ich trage die Sparpläne mit!«

Tatsächlich ist Mobbing ein Unkraut, das vor allem auf ungepflegtem Gelände wächst – dort, wo die Führungskultur verlottert ist, wo die Menschlichkeit nichts zählt, wo die Chefs feige sind oder das Mobben vorleben. Aber es stimmt genauso, dass Mitarbeiter eins und eins zusammenzählen können. Den Kollegen von Ines Heiden *musste* klar sein, wer bei den Sparplänen die Fäden zog und wer Marionette war.

Aber was hätten die Mitarbeiter gegen ihren Chef unternehmen können? Ihm in der Kantine eine halbe Portion servieren? Ihm Anklageschriften per Mail schicken? Ihm ein zertrümmertes Sparschwein auf dem Tisch hinterlassen? Niemals! Der Chef sitzt am längeren Hebel; seine Mitarbeiter wissen das.

Menschen am Arbeitsplatz verhalten sich so, wie es Konrad Lorenz bei Dohlen beobachtet hat: Am häufigsten tragen sie ihre Kämpfe auf einer Hierarchieebene aus (also unter Kollegen). Nur selten wird ein Tier herausgefordert, das eine Hierarchiestufe höher steht (also ein direkter Vorgesetzter). Und so gut wie nie wagen sie den Kampf mit einem deutlich ranghöheren Tier (also einem Geschäftsführer). Mobbingstudien haben ergeben: Der Mobber Nummer eins ist nicht der Chef – es ist der Kollege!

Bei den Dohlen ist es der Instinkt, der sie vorm Kampf mit einem Stärkeren bewahrt; bei den Kollegen ist es die Feigheit. So mancher hegt eine Wut auf den Chef, lässt sie aber in dessen Gegenwart nicht raus, weil er die Reaktion fürchtet. Seine eigene Meinung schluckt er runter und heuchelt sogar Zustimmung, wenn der Chef mal wieder einen weltfremden Vorschlag als großen Wurf verkauft.

Es kommt zu dem, was Psychologen eine »verschobene Aggression« nennen: Die Wut wird nicht gegenüber dem Starken ausgelebt, der sie erzeugt hat, sondern gegenüber einem Schwachen, der sich nicht wehren kann. Manchmal trifft der Schlag ein willkürliches Opfer – zum Beispiel brüllt der Sachbearbeiter den Azubi in Grund und Boden.

Doch die größte Befriedigung empfindet ein Untertan, wenn die Bombe seiner Wut so dicht wie möglich beim Chef einschlägt, ohne diesen jedoch *direkt* zu treffen und Vergeltungsschläge zu provozieren. Dazu braucht man ein Opfer, das in einem Boot mit dem Chef sitzt, von ihm aber keinen Rückhalt genießt.

Ines Heiden gab ein ideales Ziel ab: Sie war ihrem Chef direkt unterstellt, befand sich aber noch in einer unsicheren Bewährungsphase.

Auch Chefsekretärinnen lassen sich vorzüglich als Prellbock missbrauchen. Wenn sie eine schlechte Nachricht weitertragen, etwa die Streichung von Planstellen, peitscht ihnen ein Proteststurm ins Gesicht. »Ihr seid doch durchgeknallt da oben!«, heißt es dann. Die Kollegen tun so, als wäre die Sekretärin mit dem Chef identisch (»ihr«) – obwohl sie die Entscheidung vielleicht ebenso kritisch wie alle anderen betrachtet.

Derweil genießt der Big Boss die Deckung seines Chefbüros, bis der Sturm sich ausgetobt hat und seine Sekretärin reichlich zerrupft ist. Aber wehe, sie benetzt ihr Taschentuch auch nur mit einer Träne! Dann bricht ein zweiter Sturm los, jetzt aus dem Mund des Chefs: »Sie werden hier nicht fürs Heulen, sondern fürs Arbeiten bezahlt. Auch wenn Sie fürs Heulen deutlich mehr Talent haben!«

Wissen die Kollegen nicht, was sie tun, wenn sie ihre Wut an Kollegen auslassen? O doch, sie wissen es genau! Ihnen ist klar, dass sie eine Botin für die Botschaft köpfen. Ihnen ist klar, dass ihr Handeln zutiefst ungerecht ist. Doch wie der Taifun sich ohne Rücksicht auf unschuldige Dörfer entlädt, so lassen sie ihre Aggression ohne Rücksicht auf die unschuldigen Kollegen raus.

Stinkt der Fisch vom Kopf her? Ja. Aber der Schwanz stinkt mit!

Das provozierte Duell

Karl Marx hatte ein scharfes Auge für gesellschaftliche Zusammenhänge, das geben sogar seine Kritiker zu. Zum Beispiel stellte er fest: Nicht nur der Mensch macht seine Umstände; die Umstände machen auch den Menschen. Ganz egal, in welchem Umfeld wir uns bewegen – wir erspüren die Normen und schlüpfen in eine Rolle. Derselbe Mensch, der als Mitglied der Kirchengemeinde die Hände faltet, drischt im Boxring mit seinen Fäusten auf den Kontrahenten ein. Im ersten Umfeld geht es um Nächstenliebe, im zweiten ums K.-o.-Schlagen.

Wer ergründen will, warum Kollegen sich so oft verbale Boxkämpfe liefern, muss sich fragen: In welchem Umfeld bewegen sie sich? Wer macht dort die Gesetze, und wie sehen sie aus? Heißt es an den Arbeitsplätzen wie in der Kirchengemeinde »Liebe deinen Nächsten!«? Oder heißt es, wie im Boxring »Hau ihn um!«?

Der Schauplatz, auf dem sich die Firmen tummeln, ist der Markt. Und das Verhältnis, in dem die Firmen zueinander stehen, ist der Wettbewerb. Dieses Wort klingt freundlicher als »totaler Krieg«, meint aber dasselbe. Die Firmen kämpfen um Marktanteile wie einst die Armeen um Lebensraum, mit allen Waffen.

Das Arsenal an Strategien, mit denen eine Firma die andere angreift, kennt keine Gnade. Vorzugsweise fahren sie ihren Killerangriff dann, wenn der Wettbewerber eine winzige Schwäche zeigt, etwa durch einen Engpass bei der Zahlung.

Beispiel: Der Angreifer senkt die Preise so weit, dass er vorübergehend mit Verlusten arbeitet (er hat Rücklagen, er kann es sich leisten). Die angegriffene Firma bekommt die Folgen sofort zu spüren: Die Preise geraten unter Druck, die Kunden laufen davon, die Umsätze sinken. Das Ende vom Lied ist eine Pleite. Womit der Aggressor seinen lästigen Wettbewerber erledigt hat und sein (lokales) Monopol für Preiserhöhungen nutzen kann.

Oder man streut das Gerücht, ein Wettbewerber stehe kurz vor der Pleite. Die verleumdete Firma gerät unter Druck: Kunden stornieren Aufträge, Geschäftspartner ziehen ihre Zahlungstermine vor, Banken wollen ihre Kredite zurück. Und mit einem Schlag steht eine Firma, bis dahin kerngesund, tatsächlich vor dem Aus.

Dann tritt derselbe Konkurrent, der das Gerücht erfand, als Samariter auf die Bühne. Mit Unschuldsmiene bietet der Geschäftsführer an, das lecke Boot in den sicheren Hafen einer Fusion zu lotsen. Was bleibt der ruinierten Firma denn sonst übrig?

Eine Fusion ist keine soziale Tat – es geht darum, einen lästigen Wettbewerber zu liquidieren, seine Infrastruktur wie ein altes Auto auszuschlachten, um dann den überflüssigen Rest, auch einen Teil der Mitarbeiter, zum alten Eisen zu schleudern. »Synergie« heißt nichts anderes als: Kosten senken!

Und die Mitarbeiter? Wie der Geruch des Essens auf den Koch abfärbt, so färbt diese Brutalität am Markt auf sie ab, auf ihren Umgang miteinander. Aus Kollegen werden Gegner, manchmal Feinde.

Die Firma schürt dieses Feuer nach Fusionen besonders. So war es bei meiner Klientin Miriam Stern (46), Pressechefin eines mittelständischen Zulieferers. Eines Tages geriet ihre Firma ins Wanken und wurde von einem Wettbewerber geschluckt. Die neue Firmenleitung verkündete: »Wir müssen alle Sparpotenziale nutzen.«

Die Geschäftsführung trieb ein teuflisches Spiel: Nach der Fusion besetzte sie Stellen doppelt, statt neue zu schaffen. Miriam Stern war davon betroffen. Ursprünglich hatte jede Firma eine Pressechefin beschäftigt. Doch nun, nach der Fusion, saßen *zwei* gut bezahlte Frauen auf diesem *einen* Job: sie und ihre neue Kollegin Wiebke Jensen (32). Die Arbeit reichte nicht für zwei.

Niemand hatte gesagt: »Eine von euch ist überflüssig!« Niemand hatte sie angewiesen, in einen radikalen Wettbewerb zu treten. Es reichte aus, sie unter diesen Umständen in ein Büro zu setzen, wie zwei Kampfhennen in einen Käfig.

Jede der beiden Frauen wollte die andere übertrumpfen. Erst gingen sie fair vor, warfen ihre Pressekontakte in die Waagschale, strengten sich beim Schreiben der Pressetexte an und

organisierten ihre Veranstaltungen mit Phantasie. Jede bemühte sich nach Kräften, den Ruhm auf sich zu lenken.
Dann war Miriam Stern für zwei Wochen in Urlaub. Nach ihrer Rückkehr fiel ihr auf: Sie bekam kaum mehr Anrufe. Auch die Zahl der Mails hatte sich halbiert. Also rief sie einen Kontaktmann bei der Presse an, der stammelte: »Es tut mir leid, Miriam. Das mit dir, meine ich.«
»Was ›mit mir‹ meinst du denn?«
»Na, dass du zum Jahresende gehen musst.«
»Gehen? Ich?«
Miriam Stern fand heraus: Ihre Kollegin Jensen hatte dieses Gerücht gestreut, auch in der eigenen Firma. Entsetzt eilte Stern zum Geschäftsführer. Der versicherte ihr, eine solche Entscheidung sei »noch nicht gefallen«. Was hieß eigentlich »noch«?
Stern konnte dementieren, wie sie wollte: Das Gerücht blieb an ihr kleben. Wichtige Vorgänge landeten fortan auf dem Schreibtisch ihrer Kollegin. Und die spielte sich immer mehr zur Chefin auf. Sie ließ keine Gelegenheit aus, Stern schlechtzumachen (»Da sitzt meine Kollegin dran – nun schon seit fünf Tagen!«); sie wies ihr Handlangertätigkeiten zu (zum Beispiel sollte sie eine Presseeinladung kopieren); und sie verstümmelte ihre Texte mit dem Rotstift, bis sie sich selbst als Urheberin sah (»Das Original war handwerklich einfach zu schlecht.«).
Miriam Stern litt körperlich: Immer öfter sackte ihr der Magen weg. Sie bekam so heftigen Durchfall, dass sie rennen musste, um die Toilette noch zu erreichen. Und in ihrem Freundeskreis konnte sie sich schon nicht mehr blicken lassen, weil man ihr vorwarf: »Du redest nur noch über deine

Probleme bei der Arbeit – gibt es denn gar nichts Positives zu berichten?«

Allmählich fragte sie sich: Lag es tatsächlich an ihr? War sie mit zu vielen Vorbehalten in den fusionierten Betrieb gekommen? Leistete die jüngere Kollegin wirklich bessere Arbeit? Mit diesen Selbstzweifeln schlief sie ein, mit diesen Selbstzweifeln wachte sie auf.

Acht Monate nach der Fusion war sie seelisch so am Ende, dass sie einem Journalisten gegenüber die Zustände in ihrer Firma beklagte. Diese Aussage kam der Geschäftsleitung zu Ohren. Man drohte ihr an, sie wegen »geschäftsschädigenden Verhaltens« zu entlassen – es sei denn, sie würde einem Auflösungsvertrag zustimmen. Das tat sie. Ohne Abfindung.

Später in der Beratung sagte sie: »Wahrscheinlich habe ich meinen Rauswurf selbst provoziert, ich wollte einfach weg!« Viele Mobbingopfer suchen die Schuld am Ende bei sich. Aber wer hat hier eigentlich wen provoziert?

12 Von der Kunst, Bomben und Kollegen zu entschärfen

Das Verhältnis zu Ihren Kollegen ist keine unheilbare Krankheit (auch wenn es sich manchmal so anfühlt!) – Sie können es Schritt für Schritt verbessern. In diesem Kapitel lesen Sie …
- wodurch Sie jeden Tag neu entscheiden, ob an Ihrem Arbeitsplatz Hoch- oder Tiefdruck herrscht;
- wie Sie die vermeintlichen Schwächen Ihrer Kollegen als Stärken nutzen können;
- mit welchen Tricks sich ein Wutanfall verhindern lässt
- und was Mobbing mit einem Feuer gemeinsam hat und wie Sie diesen Brand löschen können.

Das neue K-Wort

Entscheiden Sie selbst, wie Sie diese Lektüre beenden wollen: auf die bequeme oder die unbequeme Weise. Bequem wäre es, wenn Sie das Buch zuklappten, bestätigt in bösen Ahnungen: dass »Kollege« nicht zufällig mit »K« beginnt, K wie »Katastrophe«; dass Ihr Arbeitsplatz ein Vorgeschmack auf die Hölle ist und dass mancher Kollege dort, wo der Charakter sitzen müsste, nur eine Prothese trägt.

Aber was wäre damit gewonnen? Gut, Sie könnten moralisch auf dem hohen Ross reiten. Aber sind Sie sicher, dass Ihre Kollegen die Sache nicht umgekehrt sehen – und Sie als Teufelchen und sich als Unschuldsengel betrachten?

Selbst wenn Sie mit Ihrer Kollegenschelte recht hätten: Würde diese Haltung Ihnen zu mehr Arbeitsfreude verhelfen? Könnten Sie so von der Konfrontation zur Kooperation, vom Grollen zum Lachen finden? Nein, alles bliebe beim Alten. Dieser Weg würde Sie frontal gegen die Wand lotsen.

Der unbequeme Weg führt über Selbstreflexion und Selbstkritik, aber er verschafft Ihnen eine neue Perspektive. Richten Sie Ihren Blick nicht nach außen, auf die bösen Feinde, sondern nach innen, auf sich selbst: Was können Sie zum Miteinander beitragen? Wie schaffen Sie es, Gräben zu schließen und Brücken zu bauen? Und wie gelingt Ihnen sogar der Umgang mit den schwierigsten Exemplaren, den Intriganten und den Mobbern?

Alle diese Fragen legen die Verantwortung nicht in fremde Hände, sondern in Ihre eigenen! Damit sind Sie dem Klima am Arbeitsplatz nicht mehr ausgeliefert wie einem Tiefdruckgebiet, sondern haben Einfluss darauf.

Zwar gibt es nur einen Menschen, den Sie wirklich verändern können, und das sind Sie selbst. Aber was passiert, wenn Sie Ihre Position verändern? Dasselbe wie beim Fußball, wenn die Verteidiger in Richtung Mittellinie aufrücken: Die Stürmer bewegen sich in dieselbe Richtung mit. Sie tun das ganz von alleine; sie wollen nicht ins Abseits geraten. Indem Sie Ihre Standpunkte verändern, Ihr Denken und Ihr Handeln, ziehen Sie die Kollegen in eine gewünschte Richtung mit. Ich garantiere es Ihnen!

Die folgenden acht Denkanstöße sollen Sie unterstützen, dass Ihr Verhältnis zu den Kollegen (bald wieder) mit dem besten aller K-Wörter zu tun hat: mit Kollegialität.

Beenden Sie die Fehlersuche

»Erkennen Sie die Fehler!« – dieses Spiel bieten einige Zeitschriften ihren Lesern an. Zwei Gemälde, ein Original und eine Fälschung, werden zusammen abgedruckt. Die Herausforderung besteht darin, in der Fälschung alle Abweichungen zu erkennen. Zum Beispiel einen winzigen Pickel auf der Stirn der Mona Lisa.

Probieren Sie es aus, auf den ersten Blick werden Ihnen Fälschung und Original identisch erscheinen. Nur wenn Sie die Fälschung Zentimeter für Zentimeter durchgehen, erspähen Sie die winzigen Abweichungen. Doch sobald Sie einen Fehler gefunden haben, besteht die ganze Mona Lisa nur noch aus ihrem Pickel!

Dieses Phänomen nennt man selektive Wahrnehmung. Wir registrieren das, worauf wir achten. Sobald ein Fehler gesichtet ist, bläst ihn die Wahrnehmung auf.

Dasselbe geschieht im Umgang mit den Kollegen. Denken Sie an Ihren Lieblingsfeind und an die Zeit, als Ihr Verhältnis noch besser war. Schien er Ihnen damals schon so unausstehlich wie heute? Seien Sie ehrlich: Die »Fehler im Gemälde« sind Ihnen früher kaum aufgefallen. Aber was geschah, als Sie sich mit ihm überwarfen? Da haben Sie zur Lupe gegriffen – und der ganze Kollege war ein einziger Pickel!

Dass Ihnen ein anderer Mensch nicht behagt, liegt immer auch an Ihrer Sichtweise. Die menschliche Wahrnehmung ist kein Spiegel, der die Welt eins zu eins abbildet, sie ist eine Lupe, die sich bestimmte Details herauspickt. Und unser Gehirn, eine Etikettiermaschine, drückt diesen Beobachtungen eine Deutung auf.

Stellen Sie sich vor, Ihre Lieblingskollegin schneit um 15 Uhr in Ihr Büro und sagt: »Du, ich muss ganz dringend nach Hause – kannst du für mich diesen Vorgang bis heute Abend noch abschließen?« Wollen wir wetten, dass Sie ihr glauben und ohne Zögern mit »ja« antworten? Diesmal haben Sie sich für einen Blick auf die schönen Pinselstriche entschieden.

Aber nun malen Sie sich dieselbe Situation aus, nur mit einem winzigen Unterschied: Es ist Ihr Lieblingsfeind, der Sie um den Gefallen bittet. Sagen Sie immer noch »ja«? Gehen Sie immer noch davon aus, dass die »dringenden Gründe« gegeben sind? Oder werten Sie sein Verhalten als Unverschämtheit, als Abwälzen von Arbeit, als erneuten Beweis für seine Dreistigkeit?

Sehen Sie, jetzt haben Sie durch die Fehlerlupe geschaut! Wer Fehler sucht, wird Fehler (er)finden! Obwohl es sein *kann*, dass Ihr Kollege nicht in böser Absicht, sondern reinen Herzens zu Ihnen kam.

Sicher: Es wird auch Situationen geben, da schürt er Ihren Ärger offensichtlich, da ist der Pickel einfach nicht zu übersehen. Aber auch dann sollten Sie sich fragen: »Wie sieht mein Anteil aus?« Denn es gibt eine Wechselwirkung zwischen Ihrer Erwartung und dem Verhalten des Kollegen. Vielleicht wird er dem Bild, das Sie sich von ihm machen, mit jedem Tag ähnlicher. Eine sich selbst erfüllende Prophezeiung.

Wenn Sie Ihren Kollegen als Feind betrachten (und auch so behandeln), wird er sich eines Tages wie ein Feind verhalten. Weil er merkt, dass er bei Ihnen keinen Fuß auf die Erde bekommt, tritt er nach Ihnen. Das hat auch mit Trotz, mit Hilflosigkeit zu tun. Ein Hund, den man immer schlägt, fängt an zu beißen.

In dieser Erkenntnis steckt eine enorme Chance: Sie können Ihren Lieblingsfeind und damit die Wetterlage an Ihrem Arbeitsplatz beeinflussen. Versuchen Sie, Ihren Gegner mit Respekt und Hochachtung zu behandeln, als wäre er ein Freund. Versuchen Sie's einfach! Gut möglich, dass er auf Ihr Wohlwollen zunächst skeptisch reagiert. Aber lassen Sie sich nicht entmutigen. Verhalten Sie sich genau so, wie Sie es sich von ihm wünschen: fair, offen, ohne Hinterhalt.

Ich wette, es dauert keinen Monat, dann verkrampft sich Ihr Magen nicht mehr, wenn Sie Ihren Kollegen sehen. Warum auch? Wer dem anderen die Hand reicht, muss nicht ständig mit Angriffen rechnen. »Kanonen sehen im Frieden immer ein bisschen plump aus«, schrieb Kurt Tucholsky.

Ihr positives Vorbild färbt auf Ihren Lieblingsfeind ab, weil er die kognitive Dissonanz, den Widerspruch zwischen Ihrem und seinem Verhalten, nicht lange aushalten wird. Er begegnet Ihnen anders, freundlicher und kooperativer.

Muss er jetzt Ihr bester Freund werden? Nein, es geht um zivilisierten Umgang, um Miteinander statt Gegeneinander. Davon können Sie beide profitieren: durch mehr Glücksgefühl und weniger Ärger am Arbeitsplatz!

Pflegen Sie einen bunten Garten

Kleine Weißfische wenden einen Trick an, um hungrige Hechte zu verwirren: Sie ballen sich zu Schwärmen, zu silbernen Fischklumpen. Wenn sie dicht an dicht schwimmen, gelingt es dem Hecht nicht, ein einzelnes Fischchen zu orten und anzugreifen. Aber wehe, ein Fisch verlässt den schützenden Schwarm! Dann schnappt der Hecht mit seinem Entenschnabel gnadenlos zu.

Wer den Schwarm verlässt und von der Norm abweicht, geht auch im Job ein hohes Risiko ein. Machen wir uns nichts vor: Die heutigen Unternehmen sehen Mitarbeiter als austauschbare Fertigbauteile. Man greift sie sich vom Fließband der Universität oder der Schule, setzt sie im Arbeitsprozess an einer bestimmten Stelle ein und tauscht sie aus, sobald sie ihre Funktion nicht mehr erfüllen oder zu sehr verschleißen.

Wenn ein Mitarbeiter geht, muss der nächste denselben Job machen können. Niemand soll unersetzbar, niemand zu *eigenartig* sein. Darum laufen ganze Abteilungen durch den Windkanal derselben Fortbildungen, eine Gleichschaltung der Köpfe.

Dieses Diktat der Anpassung färbt auf den Umgang der Kollegen untereinander ab. Was passiert, wenn einer von der Norm abweicht, und sei es nur um eine Winzigkeit? Wenn er seine Vesper im Büro isst, statt mit in die Kantine zu kommen? Wenn er sächselt, statt hochdeutsch zu sprechen? Wenn er ein Projekt befürwortet, das alle anderen ablehnen, einen Kunden mag, den alle anderen hassen?

Dann geht es ihm oft wie dem Kleinfisch: Er wird zerfleischt.

Die Kollegen betrachten ihn als »seltsam«, als »Eigenbrötler«, als »unberechenbar«. Sie grenzen ihn aus, als hätte er eine ansteckende Krankheit. Mit Foppen fängt es an – mit Mobben hört es auf. Dabei verhält sich der Kollege nicht falsch, nur anders als die anderen!

Finden wir einen Garten schön, in dem nur eine Blumensorte wächst? Nein, wir lieben es bunt und vielfältig. Finden Sie eine Abteilung schön, in der nur eine Kollegensorte wächst? Ist der sächsische Dialekt nicht ein Farbtupfer im sprachlichen Einheitsbrei? Ist es nicht erfrischend, dass jeder Kollege seine eigene Herkunft, Meinung und Geschichte hat?

Wenn Sie es schaffen, die Eigenarten der Kollegen *nicht* als unerwünschte Abweichung zu sehen, sondern als individuelle Vorzüge, dann wird Ihr Arbeitsplatz zu einem bunten Menschengarten. Einem Garten, der Ihr Auge erfreut und in dem jeder Kollege seine Berechtigung und seine eigene Blütezeit hat.

Ist der geschwätzige Kollege, der manchmal alle nervt, nicht ein idealer Vertreter für den Messestand der Abteilung, wo man den ganzen Tag reden muss? Dann blüht er! Ist der introvertierte Computerfreak, der seine Mittagspause vorm Bildschirm verbringt, nicht der rettende Engel, wenn Sie in der Softwarefalle stecken? Dann blüht er! Ist die brummige Kollegin, die manchmal abweisend wirkt, nicht wie geschaffen dafür, um in schwierigen Verhandlungen die Wünsche der Gegenseite abzublocken? Dann blüht sie!

So war Teamarbeit gedacht: dass Menschen sich mit ihren Eigenarten, ihren Talenten, ihren Ausbildungen ergänzen – wie Verteidiger und Stürmer auf dem Fußballfeld. Abwechslung macht nicht nur den Garten schön, sie kann auch im Job für bessere Ergebnisse sorgen.

Schauen Sie jeden Kollegen einmal an, als wäre er eine Pflanze: Welches sind seine Eigenarten, seine schönsten Seiten? Auf welchem Boden wächst er, welche Nachbarschaft zieht er vor? Und wozu, falls er ein Kaktus ist, können sogar seine Stacheln nützlich sein (denken Sie an die ruppige Verhandlungsführerin!)? Hegen und nutzen Sie die Eigenarten Ihrer Kollegen, statt sie als Unkraut zu bekämpfen.

Aber denken Sie umgekehrt, beim Blick auf Ihre Eigenarten, auch daran: Entscheidend ist die richtige Mischung aus Individualität und Anpassung; denn eine allzu exotische Pflanze könnte das Bild des Gartens stören. Jedes Team hat eine Identität, feste Gewohnheiten, auf die es stolz ist. Wer diese Eigenart ablehnt, von dem fühlt sich die Gruppe abgelehnt.

Überlegen Sie, in welcher Hinsicht Sie sich dem Team annähern können, ohne sich zu verbiegen. Zum Beispiel hilft es, wenn Sie sich an Gruppenerlebnissen beteiligen, etwa den gemeinsamen Pausen. Auch bei den Standards im Umgang, etwa ob man sich duzt oder siezt, sollten Sie den Pfad der Gruppentugend nicht verlassen.

Eine solche Verbeugung vor der Gruppe hilft Ihnen, dass die Kollegen Sie in ihren Kreis aufnehmen. Sind Sie dort angekommen, werden Ihre anderen Eigenarten nicht mehr als Ausgrenzung missverstanden, sondern als Besonderheiten akzeptiert.

Üben Sie Verständnis

Manche Talkshow gleicht einem Boxkampf, nur dass die Politiker sich nicht mit Fäusten, sondern mit Worten attackieren: Der Konservative nennt den Linken einen »Volksverhetzer«, weil dieser Firmen verstaatlichen will. Und der Linke nennt den Konservativen einen »Knecht des Kapitals«, weil dieser für die Freiheit der Unternehmer eintritt.

Ganz schön albern, dass die beiden sich beschimpfen, finden Sie nicht auch? Denn jeder tut nur seinen Job: Der Konservative ist konservativ, der Linke ist links. Was ist daran verwerflich?

Doch solche »Talkshows« laufen auch in Ihrer Firma ab. Am Anfang prallen zwei Meinungen aufeinander. Zum Beispiel die des Controllers und die des Werbeleiters. Der eine will Geld sparen, der andere Geld für Werbung ausgeben. Jeder macht sich zum Anwalt seiner eigenen Position. Keiner weicht einen Schritt zurück.

Je mehr die Fronten sich verhärten, desto lauter die Diskussion. Jeder tut so, als hätte er – nur er! – die Weisheit gepachtet. »Wenn wir kein Geld sparen«, sagt der Controller, »dann sind wir bald pleite.« – »Wenn unsere Werbung keine Kunden gewinnt«, entgegnet der Werbeleiter, »dann können wir den Laden erst recht dichtmachen.«

Das Schwert der Polemik, zunächst geschwungen, um die eigene Position zu verfechten, sticht jetzt nach dem Kollegen als Person. Der Controller schimpft: »Ihr Werbefritzen habt den Kopf voller Ideen, aber ihr habt keine Ahnung von betriebswirtschaftlichen Zusammenhängen.« Der »Werbefritze«, mit seinem Berufsstand diffamiert, antwortet: »Und ihr

Controller seid kleinkarierte Zahlenfuzzis, die über Geld bestimmen wollen, das andere Leute für die Firma verdienen.«
Dabei wollte jeder nur seinen Job machen! Doch die legitime Absicht, die eigene Position durchzusetzen, ist zu einem Hauen und Stechen entartet. Das passiert auch innerhalb von Abteilungen.
Wollen Sie es wirklich zulassen, dass die Diskussion um eine Sache so entgleist? Klüger wäre es, die Eskalation rechtzeitig abzuwenden. Fünf Tipps dazu:

1. Überlegen Sie genau: In welcher Rolle spricht Ihr Kollege? Vertritt er eine Abteilung oder bestimmte Interessen? Muss er so sprechen, weil er diese Rolle einnimmt (ein Controller kann nicht für Mehrausgaben plädieren!)? Legen ihm sein Wissen oder seine Erfahrungen diesen Standpunkt nahe? Versetzen Sie sich in seine Haut: Kann es sein, dass Sie an seiner Stelle ähnlich argumentierten?
2. Auch wenn Ihnen der andere Standpunkt nicht gefällt: Prüfen Sie ihn gründlich! Kann es sein, dass Ihr Kollege einen Zipfel der Wahrheit erwischt hat? Wenn ja, wie könnten Sie ihm einen Schritt entgegenkommen? Und welche Zugeständnisse von seiner Seite erwarten Sie?
3. Ziehen Sie einen klaren Trennstrich: Die Rolle und die Position eines Menschen stehen auf einem anderen Blatt als seine Persönlichkeit! Wer einen Standpunkt vertritt, den Sie für idiotisch halten, muss deshalb kein Idiot sein; er ist nur anderer Meinung!
4. Weisen Sie, wenn nötig, lediglich die Position zurück – nicht die Person! Entwickeln Sie den Ehrgeiz, die Argu-

mentation des Kollegen in Ihren Worten so gut zu wiederholen, dass er es nicht besser könnte. Dieses aktive Zuhören klärt den Inhalt. Vor allem zeigen Sie Respekt, denn Sie befassen sich mit seiner Sicht der Welt und achten ihn als Menschen. Sagen Sie bei Ihrer Ablehnung ausdrücklich Sätze wie: »Ich schätze Sie persönlich und verstehe, dass Sie diesen Standpunkt vertreten – nur in der Sache ...« Zwei Kollegen können verschiedener Meinung, aber doch im Einklang sein.

5. Helfen Sie dem anderen, Verständnis für Ihren Standpunkt zu entwickeln. Vertreten Sie nicht nur Ihre Position (»Der Etat bleibt, basta!«), sondern erläutern Sie, in welcher Rolle Sie sprechen und welche Gedanken Sie leiten: »Von mir als Werbeleiter erwartet die Geschäftsleitung gesteigerte Verkaufszahlen. Ich habe fürs neue Jahr drei Kampagnen angeschoben, die den ganzen Etat verbrauchen werden. Deshalb sehe ich im Moment keine Möglichkeit ...«

Wollen wir wetten, dass Ihr Kollege nun mit sich reden lässt? Auf dieser Basis können Sie Lösungen mit zwei Gewinnern anstreben – und lächerliche Schaukämpfe wie in der Talkshow verhindern.

Schauen Sie über die Mauer

Wenn ich als Moderator gerufen werde, um einen Konflikt zu schlichten, hängen Rauchschwaden über dem Schlachtfeld: Die Kollegen bekämpfen sich mit allen Mitteln. Und was höre ich in den Einzelgesprächen? Ich höre Beschimpfungen (»Er ist einfach nur blöd!«), ich höre Vorurteile (»Sie will einfach nicht dazugehören!«), ich höre Verbitterung (»Er behandelt mich wie Dreck!«), und manchmal höre ich sogar Verzweiflung (»Ich halt das hier nicht mehr aus!«).

Aber nie, wirklich nie, höre ich auch nur ein Wort darüber, was die Kollegen trotz allem verbindet. Das Trennende, aus dem der Konflikt wächst, scheint wie eine Mauer den Blick auf die Gemeinsamkeiten zu verstellen.

Also frage ich: »Und welches gemeinsame Interesse verbindet Sie mit Ihrem Kollegen, auf den Sie so wütend sind?« – »Mit dem? Gar nichts!« Dann dringt der Bohrer meiner Fragen immer tiefer; ein typischer Dialog läuft etwa so ab:

»Glauben Sie denn«, sage ich, »Ihr Kollege fühlt sich wohl mit dem Streit – so wohl, dass er jeden Morgen pfeifend in die Firma kommt?«

»Das nicht. Aber *er* hat sich den Streit doch ausgesucht – ich nicht!«

»Was meinen Sie, mit welchem Gefühl er die Firma betritt? Wie geht es ihm, wenn er Ihnen über den Weg läuft, zum Beispiel auf dem Flur?«

»Weiß nicht.« Lange Pause.

»Und wie geht es Ihnen, wenn Sie ihn sehen?«

»Dann kommt mir die Galle hoch. Ehrlich!«

»Könnte es sein, dass er ähnlich empfindet?«

»Bestimmt. Doch, das glaube ich.«

»Nehmen wir an, das Kriegsbeil wäre begraben – wie würde es dann Ihrem Kollegen gehen?«

»Keine Ahnung.« Lange Pause. »Wahrscheinlich besser.«

»Und was würde sich bei Ihnen verändern, wenn die Stimmung bei der Arbeit wieder gut wäre?«

Ein Lächeln huscht übers Gesicht: »Dann würde ich endlich mal wieder erzählen, was meine Kinder so machen. Ich glaube, ich habe in den letzten Monaten kein privates Wort mehr gesagt.«

Halten Sie es mit dem Dichter Christian Morgenstern: »Der Mensch rennt an die Mauer an, aber der Geist geht durch die Mauer hindurch.« Lenken Sie Ihren Blick vom Trennenden auf die gemeinsamen Interessen. Ich kenne niemanden, dem das Herz lacht, wenn er vierzig Stunden pro Woche in einer Hölle verbringt. Alle wollen ihren Frieden.

Konflikte zehren an der Seele, und sie können Unternehmen in schwere Seenot bringen. Der US-Psychologe Daniel Goleman verweist in seinem Buch *Emotionale Führung* auf Studien, nach denen die Stimmung unter den Mitarbeitern den Geschäftserfolg beeinflusst. Ein gutes Klima zieht Kunden an und lässt die Gewinne steigen – während ein schlechtes nicht nur die Mundwinkel, sondern auch die Umsätze nach unten zieht.

Wie schaffen Sie es, das Kriegsbeil zu begraben und die Gemeinsamkeiten zu erkennen? Nehmen Sie ein DIN-A4-Blatt, teilen Sie es in der Mitte mit einem Strich und schreiben Sie links Ihre eigenen Ziele und Interessen auf. Gehen Sie drei Punkte durch: Was wünschen Sie sich fachlich, menschlich und in Bezug auf die Firma?

Wenn Sie Ihre Ziele festgehalten haben, schreiben Sie auf der rechten Seite zu jedem Punkt die vermuteten Interessen Ihres Konfliktpartners auf. Danach heben Sie mit einem Textmarker hervor, wo es Übereinstimmungen gibt. Vermutlich werden Sie überrascht sein, wie viele Punkte Sie verbinden (bislang übersehen!) – und wie wenige Sie trennen (bislang ausschließlich gesehen!).

Auch dort, wo die Interessen sich nicht gleichen, kann es versteckte Schnittflächen geben. Wenn Sie eine Aufgabe in anderen Schritten als Ihr Kollege abwickeln wollen, liegt das gemeinsame Interesse vielleicht darin, den Kunden pünktlich und in hoher Qualität zu beliefern. Das heißt, Sie sind sich beim Ziel eben doch einig – nur nicht beim Weg dorthin.

Heben Sie in jeder Diskussion die Punkte der Einigkeit hervor. Es macht einen riesigen Unterschied, ob das Trennende im Mittelpunkt steht – solche Gespräche werden dominiert von Abwinken, Kopfschütteln, Verneinungen. Oder ob das Verbindende im Mittelpunkt steht – solche Gespräche werden dominiert von offenen Gesten, von Nicken, von einem klaren »Ja« (oder einem »Yes we can!«, wie US-Präsident Barack Obama sagen würde).

Diese Einheit unter Kollegen erwärmt nicht nur das Klima, sie bringt auch praktische Vorteile. Ein zerstrittener Haufen ist nicht in der Lage, die eigenen Interessen gegenüber dem Chef zu vertreten. Statt mit einer Stimme zu sprechen, fallen sich alle gegenseitig in den Rücken und ins Wort.

Aber wenn es Ihnen gelingt, mit den Kollegen für eine gemeinsame Sache zu kämpfen, gerät der Vorgesetzte unter Zugzwang. So hätten die Außendienstler der Versicherung, von denen auf Seite 59 ff. die Rede war, *gemeinsam* dafür sorgen können, dass ihr Chef sie nicht mehr mit der Rennliste gegeneinander ausspielt. Hinterhalt schwächt – Zusammenhalt macht stark!

Stoppen Sie die Wutprobe

»Wut muss raus!«, behauptet der Volksmund. Wer seinen Ärger für sich behält, riskiert angeblich ein Magengeschwür. Wer auf den Tisch haut, veranstaltet ein reinigendes Gewitter. Dieser Vorgang hat schon seit der Antike einen Namen: Man spricht von »Katharsis«.

Zwei US-Wissenschaftler, Mallick und McCandless, wollten die reinigende Wirkung der Wut überprüfen. Dabei fanden sie heraus: Zorn verfliegt nicht wie Dampf, den man ablässt, sondern er schaukelt sich hoch. So mancher Kollege im Großraumbüro hätte es den Forschern auch ohne Studie sagen können.

Zum Beispiel ärgert sich Peter Kramer (58), weil seine junge Kollegin das Papier am Drucker nicht nachgefüllt hat. Der Zornesgedanke kreist wie eine wütende Hornisse in seinem Kopf, eine Viertelstunde lang, dann platzt er heraus: »Das ist doch unmöglich, dass du nie den Kopierer nachfüllst. Bin ich denn dein Stiefelknecht, der für dich die Arbeit macht, oder was?«

Sie ist völlig überrascht von dem heftigen Angriff: »Ich habe gar nicht gemerkt, dass es das letzte Blatt war. Ehrlich nicht!«

Kramer plustert sich auf: »Noch nie so eine billige Ausrede gehört! Das ist doch nicht dein Ernst!« Er schnappt nach Luft und brüllt noch lauter: »Sag doch einfach ›Meine Kollegen sind mir scheißegal! Hauptsache, ich mach mir die Finger nicht schmutzig!‹«

Eine andere Kollegin will schlichten: »Nun bleib doch bitte mal cool!«

»Und du hältst dich gefälligst da raus. Du bist doch noch viel schlimmer. Du hast letzte Woche nämlich ...«

Ehe der Wüterich sich versieht, hat er sich mit jedem verkracht, der nicht schnell genug davonrennt. Aus dem Schneeball der Wut ist eine Lawine gewachsen. Der Zorn treibt Menschen in die lächerliche Überzeugung, sie seien Ritter der Tugend, hilfreich, edel und gut – während der Rest der Welt aus Schuften bestehe. Bei einem solchen Anfall kann es passieren, dass der Wüterich sogar seinen Bildschirm anbrüllt, weil der sich durch ein Flimmern über ihn lustig macht ...

Der griechische Philosoph Aristoteles forderte, menschliche Emotionen sollten »*an*gemessen« sein. Wut ist oft das Gegenteil: eine *ver*messene Emotion. Sie nährt sich selbst, denn das Gehirn schüttet bei jedem Reiz körpereigene Aufputschmittel aus, Katecholamine genannt, ohne dass der vorhandene Pegel abgebaut würde. Ein Eskalationskreislauf.

Stellen Sie sich die Wut wie eine Schiffsschaukel vor: Sie schwingt sich nach oben, höher und höher, und wenn sie ein gewisses Niveau erreicht hat, ist sie vom Verstand nicht mehr zu bremsen. Jeder weitere Zornesgedanke schiebt die Schaukel an. Sie dreht sich von alleine, rotiert im Teufelskreis.

Wer zu Zornesausbrüchen neigt, senkt nicht nur nachweislich seine Lebenserwartung, sondern auch seine Beliebtheit bei den Kollegen. Er gilt als ungerecht und herrschsüchtig.

Wie gehen Sie also mit Ihrer eigenen Wut um? Und wie weisen Sie wütende Kollegen in ihre Schranken?

Eigene Wut zügeln
Für das Bremsen der eigenen Wut gilt: früh einschreiten, ehe die Schaukel an Schwung gewinnt. Registrieren Sie aufmerksam, wenn sich ein feindseliger Gedanke in Ihnen regt. Lassen Sie es nicht zu, dass er sich hochschaukelt (wie bei Peter Kramer, der sich fünfzehn Minuten über das fehlende Papier geärgert hat!).

Wenn Sie noch ruhig sind, können Sie Ihre Kollegin sofort ansprechen. Sagen Sie erst, was Sie beobachtet haben, zum Beispiel: »Du warst gerade am Kopierer. Jetzt wollte ich kopieren, und das Papierfach war leer.«

Sagen Sie dann, wie Sie das deuten: »Ich glaube, das Papier ist dir ausgegangen, du hast aber nicht nachgefüllt.« Und schließen Sie mit einer Erwartung ab: »Ich wünsche mir, dass du künftig das Papier nachfüllst. Können wir uns darauf einigen?«

Sollten Sie aber schon kurz vor einem Ausbruch stehen, ziehen Sie sich vom Objekt Ihrer Wut zurück. Gehen Sie ein paar Schritte, draußen oder auf dem Flur, und lenken Sie Ihre Gedanken in eine positive Richtung. Wie läuft es in Ihrem Hobby? Wer hat Sie zuletzt gelobt? Was wollen Sie am nächsten Wochenende tun? Indem Sie sich zerstreuen, bremsen Sie die Wutschaukel. Und können danach den sachlichen Dialog suchen.

In der Karriereberatung fordere ich meine Klienten auf, ihre negativen Gedanken so zugespitzt wie möglich aufzuschreiben. Dann sage ich: »Gehen Sie Ihre Gedanken durch und fragen Sie sich: ›Stimmt das wirklich? Kann ich das beweisen? Ist keine andere Sichtweise möglich? Wie hätte ein Weiser denselben Vorgang bewertet?‹« Oft höre ich lautes

Gelächter, weil ihnen klar wird: Die Wut hat sie zu grotesken Überzeichnungen verleitet.

Mit tobenden Kollegen umgehen
Und im umgekehrten Fall, wenn Sie selbst in die Schusslinie eines Wüterichs geraten – was tun Sie dann? Drei Tipps:

1. Betrachten Sie die Wut als sein Problem, nicht als Ihres. Offenbar hat er seine negativen Gefühle nicht unter Kontrolle. Die meisten Wüteriche verhalten sich wie der Blitz beim Gewitter – sie suchen sich ihren Baum nicht aus, sie treffen ihn willkürlich. Versuchen Sie die Angriffe nicht persönlich zu nehmen.
2. Ziehen Sie sich von dem Zornesteufel zurück. Sagen Sie: »Denk bitte noch einmal darüber nach!«, und entfernen Sie sich. In der Zwischenzeit verliert seine Wutschaukel an Schwung. Nicht selten wird er sein Verhalten bereuen.
3. Wenn der Angriff so massiv ausfällt, dass Sie sich abgrenzen müssen, dann tun Sie es deutlich. Weisen Sie die Attacke zurück, fordern Sie eine Entschuldigung und beenden Sie den Dialog – am besten, indem Sie den Raum verlassen. Das gibt dem Zornesteufel die Chance zur Besinnung. Oft wird er sich entschuldigen.

Sagen Sie nicht »ja«, wenn Sie »nein« meinen

Meine Klientin, die Reisekauffrau Charlotte Ober (40), war auf ihre Kollegin nicht gut zu sprechen: »Das ist doch eine Frechheit! Da fragt sie mich das zweite Mal in vier Wochen, ob ich für sie den Wochenenddienst übernehme.«

»Wie haben Sie reagiert?«

»Ich habe gesagt: ›Eigentlich nicht so gerne.‹ Worauf sie meinte: ›Ach bitte, sei doch nicht so!‹ Dabei schaute sie mich aus großen Kulleraugen an und faltete die Hände. Wie ein bettelndes Kind.«

»Und Sie?«

»Ich spürte, wie mein Mund sich öffnete, dann hörte ich: ›Also gut!‹ – das war wie ein Reflex, völlig ungewollt. Meine Kollegin rief ›Danke!‹ und sprang davon. Fünf Sekunden später hätte ich sie würgen können.« Ich sah, wie ihre Hände auf dem Tisch einander kneteten, als hätte sie den Hals der Kollegin doch noch zu fassen bekommen.

»Weshalb waren Sie so wütend auf Ihre Kollegin?«

»Weil sie mich reingelegt hat! Ich hatte doch klar gesagt, dass ich nicht will. Aber sie hat so lange gebohrt, bis sie wieder einmal ihren Willen hatte.«

»Woher wusste Ihre Kollegin, dass dieses Bohren funktioniert?«

Sie starrte ein Loch in die Luft und grübelte. »Sie kennt mich eben!«

»Ich finde, Ihre erste Aussage war sehr schwammig. ›Eigentlich nicht so gerne‹ – das klingt wie eine Einladung: ›Na los, überrede mich schon!‹«

Sie zwirbelte nachdenklich eine Haarsträhne. »Ja, kann schon sein! Aber warum habe ich nicht klar ›nein‹ gesagt – obwohl ich es doch dachte?«

»Offenbar waren Sie innerlich nicht stimmig. Auf der einen Seite wollten Sie eine gute Kollegin sein. Auf der anderen Seite wollten Sie das Wochenende frei haben und sich nicht ausnutzen lassen.«

Sie zog die Augenbrauen hoch: »Dann bin ich also eine gespaltene Persönlichkeit?«

»Kein Mensch ist eine Einheit, jeder hat in sich viele Persönlichkeitsanteile und Stimmen – von Situation zu Situation wieder andere. Das können Sie sich wie ein kleines Team in Ihrem Brustkorb vorstellen. Geben wir den Mitgliedern einmal Namen: Da ist Ihre ›innere Sozialarbeiterin‹, die der Kollegin jeden Gefallen tun will. Aber da ist auch Ihre ›Ich-Bewusste‹, die für Abgrenzung ist.«

»Also ein Tauziehen zwischen den beiden?«

»Gutes Bild! Und was passiert, wenn die Kräfte ausgewogen sind? Dann heben sie sich auf! Deshalb fiel Ihre erste Stellungnahme so halbherzig aus. Diese Wankelmütigkeit hat Ihre Kollegin gespürt und genutzt.«

Sie beugte sich neugierig nach vorne: »Und wie schaffe ich es künftig, mich klar auszudrücken – und besser abzugrenzen?«

»Wenn eine Kollegin von Ihnen etwas will, Sie aber nicht ganz sicher sind, dann bitten Sie um Aufschub. Sagen Sie zum Beispiel: ›Ich denke gerne darüber nach und gebe dir morgen früh Bescheid.‹«

Sie schüttelte den Kopf: »Aber damit vertage ich das Problem doch nur!«

»Sie verhindern, dass Sie überrumpelt werden. Und Sie gewinnen Zeit, um einen klaren Standpunkt zu entwickeln. Hören Sie, welche Stimmen sich in Ihnen zu Wort melden – und bringen Sie diese Stimmen als Moderatorin miteinander ins Gespräch.«

»Wie soll das gehen?«

»Jedes Mitglied Ihres inneren Teams vertritt seinen Standpunkt. Alle sollen aufeinander eingehen. Wenn die ›Sozialarbeiterin‹ sagt: ›Ich will auf keinen Fall als unsozial gelten!‹, dann muss die Ich-Bewusste Vorschläge machen – zum Beispiel: ›Wir sagen ihr freundlich ab. Wir betonen noch einmal, dass wir ihren Dienst gerne übernehmen, wie das ja schon vor ein paar Wochen passiert ist. Aber wir sagen auch, dass wir uns ein ausgeglichenes Geben und Nehmen wünschen.‹ Damit wäre die Sozialarbeiterin sicher einverstanden.«

»Aber kann es nicht passieren, dass mir im Gespräch dann doch wieder ein ›Also gut!‹ rausrutscht?«

»Dieses Risiko ist gering. Sie haben ja alle Meinungen Ihres inneren Teams berücksichtigt, Sie müssen nicht mit Heckenschützen rechnen. Vor dem Gespräch können Sie Ihr Team aufstellen: Wer soll vorne auf dem Feld stehen, wer im Hintergrund? Proben Sie Ihre Antwort laut, so lange, bis Sie das Gefühl haben: ›Genau so klingt es richtig!‹«

Sie kniff die Augen ein wenig zusammen: »Aber meine Kollegin wird trotzdem versuchen, mich zu überreden!«

»Das glaube ich nicht. Ihr wird auffallen, wie klar und bedacht Sie antworten. Da bleibt keine Lücke, in die ihre Bettelei stoßen könnte. Außerdem würde ein solcher Versuch an Ihnen abprallen.«

»Und was mache ich, wenn sich mehr als zwei Mitglieder in meinem inneren Team zu Wort melden?«

»Zeichnen Sie auf einem Blatt Papier einen großen Oberkörper – das sind Sie. Und malen Sie die einzelnen Mitglieder des inneren Teams hinein. Jedem schreiben Sie einen Namen zu und seinen Lieblingssatz in eine Sprechblase. So behalten Sie den Überblick. Die Arbeit mit dem inneren

Team hilft Ihnen, stimmig zu handeln und zu entscheiden. Je mehr Sie mit sich im Reinen sind, desto eher auch mit Ihren Kollegen.«

Unterbrechen Sie Teufelskreise

Zwei Kinder raufen sich auf dem Schulhof. Der Lehrer geht dazwischen und fragt: »Wer hat angefangen?« Die Antwort kommt wie aus einem Mund: »Er war's!« Zwei lupenreine Opfer – kein Täter weit und breit!
Die Frage, wer angefangen hat, stellt sich auch bei Konflikten am Arbeitsplatz. Gleiches Bild: viele Opfer, keine Täter. Lügen die Streithähne, um ihre wahre Rolle zu vertuschen? Nicht unbedingt, denn jeder glaubt tatsächlich, er sei nicht selbst in die Schlacht gezogen, sondern in sie *hineingezogen worden*.
Diese Wahrnehmung ist sogar wahr – wenigstens zur Hälfte! Denn zu einem Konflikt gehören (mindestens) zwei. Die systemische Psychologie spricht nicht von Tätern und Opfern, sondern von Beteiligten. Mit Menschen ist es wie mit Chemikalien: Treffen zwei aufeinander, kommt es zu einer Reaktion, oft einer Kettenreaktion. Und dieser Ablauf hat immer mit den Eigenschaften und mit dem Verhalten *beider* Beteiligten zu tun.
Viele Konflikte speisen sich aus »systemischen Teufelskreisen«: Weil A dies tut (was B nicht gefällt), tut B jenes (was A nicht gefällt). Und weil B jenes tut, tut A dieses. Und so weiter, und so weiter. Am Ende weiß niemand mehr, was zuerst da war: Huhn oder Ei?
Solche Teufelskreise setzen oft mit winzigen Ereignissen

ein. Stellen Sie sich vor, Sie laufen einem Kollegen über den Weg, doch Ihr Gruß prallt an ihm ab wie ein Tennisball von der Wand. Ihr Gesicht verfinstert sich: Warum schaut er durch Sie hindurch? Hält er sich für etwas Besseres? Führt er etwas gegen Sie im Schilde? Will er Sie einschüchtern, um Sie im Karriererennen abzuhängen?

Je länger Sie über diese Frage nachdenken, desto mehr Indizien finden Sie: Hat er nicht neulich eine Rundmail verschickt, bei der Ihre Kollegin auf dem Verteiler stand, Sie aber nicht? War er gestern, beim Meeting, nicht gegen Ihren Verbesserungsvorschlag? Und klang er Ihnen gegenüber nicht schon immer einen Tick zu distanziert?

Diese Waffen beherrschen Sie auch! Also schalten Sie Ihre Temperatur im Umgang mit ihm auf Kühlschrankniveau zurück. Wechseln nur noch die nötigsten Worte. Verzichten auf enge Kooperation. Und wenn er Ihnen morgens über den Weg läuft, machen Sie sich nicht mehr mit einem unerwiderten Gruß lächerlich.

Und er? Fühlt sich vor den Kopf gestoßen. Was fällt Ihnen eigentlich ein! Halten Sie sich für was Besseres? Führen Sie etwas im Schilde? Wollen Sie ihn einschüchtern, um ihn im Karriererennen abzuhängen?

Diese Waffen beherrscht er auch! Und schon übertrifft er Sie an Unterkühltheit, indem er Ihnen die Informationen nicht mehr von Schreibtisch zu Schreibtisch ruft, sondern per Hausmitteilung zustellt – mit einer Kopie zu seiner Sicherheit, damit Sie den Empfang nicht leugnen können.

Und Sie? Fühlen sich bestätigt in Ihrer ersten Beobachtung. Der verweigerte Gruß war kein Zufall, nein, nein – das war der Auftakt einer Kampagne.

Diese Waffen beherrschen Sie auch! Und schon ...
Merken Sie es? Die Abläufe werden nicht mehr vom Verstand gesteuert, sondern automatisieren sich wie chemische Reaktionen. Und wenn eine bestimmte Temperatur erreicht ist, kommt es zum ganz großen Knall.
Hüten Sie sich vor solchen Teufelskreisen! Machen Sie sich immer bewusst, dass nicht nur Sie auf Ihren Kollegen reagieren, sondern Ihr Kollege auch auf Sie. Jeder Teufelskreis kann zum Engelskreis werden – Sie müssen ihn nur rechtzeitig unterbrechen! Wenn Sie das Gefühl haben, Ihnen wurde ein Gruß verweigert, dann grüßen Sie bei den nächsten Malen umso freundlicher. Wenn Sie das Gefühl haben, man lasse Sie auf dem Weg zur Kantine mit Absicht zurück, dann schließen Sie sich der Gruppe bei den nächsten Malen mit der größten Selbstverständlichkeit an.
Denn wer garantiert Ihnen, wenn Sie den Beleidigten spielen, dass die Gegenseite Ihr Verhalten nicht als Angriff wertet? Und dass Sie mit dem, was Sie für eine Reaktion auf eine Ausgrenzung halten, nicht erst eine Ausgrenzung heraufbeschwören?
Dagegen wird Ihr Entgegenkommen meist eine freundliche Reaktion nach sich ziehen – denken Sie an die Verteidiger beim Fußball, denen die Stürmer brav an die Mittellinie folgen!
»Wer hat angefangen?« Sorgen Sie dafür, dass diese Frage hinfällig wird. Lassen Sie es erst gar nicht zu Teufelskreisen kommen. Engelskreise sind viel schöner!

Löschen Sie den Mobbingbrand

Als 1996 der Düsseldorfer Flughafen brannte, ein infernalisches Feuer, das siebzehn Menschen aus dem Leben riss, fanden die Experten später heraus: Ein einzelner Funke bei Schweißarbeiten hatte den verheerenden Brand ausgelöst. Nur weil das Feuer zu spät bemerkt wurde und sich unter der Decke ausbreitete, wuchs daraus eine Katastrophe.
Auch beim Mobbing funkt es erst, dann schwelt das Feuer, dann brennt es lichterloh. Je früher Sie eingreifen, desto besser sind Ihre Chancen beim Löschen. Woran können Sie das erste Knistern, das Aufziehen eines Mobbings erkennen? Zum Beispiel stellen Sie fest, ...

- dass sich Fronten in der Gruppe bilden,
- dass Sie als Gesprächspartner unerwünscht sind,
- dass Gerüchte über Sie gestreut werden,
- dass Kollegen Ihre Arbeitszeiten kontrollieren,
- dass Sie bei Fachdiskussionen persönlich angegriffen werden,
- dass Informationen an Ihnen vorbeilaufen,
- dass unangenehme Aufgaben stets zu Ihnen wandern
- oder dass die Gruppe Sie ausgrenzt.

Wie gehen Sie gegen das Mobbing vor? Hier acht Vorschläge, je nach Phase des Brandes:

1. Packen Sie den Stier bei den Hörnern! Es nützt nichts, Anspielungen zu überhören, Anfeindungen zu übersehen, sich einfach wegzuducken. Schreiten Sie bei den ers-

ten Funken ein: Stellen Sie den Angreifer unter vier Augen zur Rede. Wenn er zum Beispiel ein Gerücht verbreitet hat, sagen Sie: »Ich habe gehört, du erzählst über mich ... Welchen Zweck verfolgst du damit?« Dieses offensive Vorgehen zeigt: Sie sind kein leichtes Opfer, Sie wehren sich! Außerdem durchschauen Sie Spiele hinter Ihrem Rücken.

2. Seien Sie versöhnlich! Weisen Sie den Angreifer in seine Schranken, und lassen Sie es damit gut sein. Behandeln Sie ihn danach wie jeden anderen Kollegen. Ihre Versöhnlichkeit entzieht seiner Aggression die Nahrung. Dagegen würde ihn Ihr feindliches Verhalten zu neuen Attacken anstacheln.

   Dieses Handeln macht Sie nicht kleiner, sondern größer; der indische Freiheitskämpfer Mahatma Gandhi stellte fest: »Der Schwache kann nicht verzeihen. Verzeihen ist eine Eigenschaft des Starken.«

3. Suchen Sie Verbündete! Welchen Kollegen vertrauen Sie? Sprechen Sie mit ihnen und schildern Sie, was genau passiert ist. Achten Sie darauf, dass Sie nicht in Jammermonologe voller Selbstmitleid abgleiten. Formulieren Sie konkrete Wünsche: In welchen Situationen können die Kollegen Sie unterstützen? Wenn der Angreifer merkt, dass Sie nicht allein stehen, gibt er sein Treiben oft auf.

4. Sprechen Sie Ihren Chef an! Wenn das Feuer sich auszubreiten droht, sollten Sie Ihren Vorgesetzten ins Vertrauen ziehen. Reden Sie nicht so sehr von Ihren Seelenqualen (das interessiert ihn nur begrenzt!) – sondern davon, wie das Mobbing die Arbeit behindert (das interessiert

ihn sehr!). Eine Aussprache zwischen Ihnen und den Kollegen, die der Chef moderiert, kann das Feuer eindämmen.
5. Pflegen Sie Ihr Privatleben! Wenn das Mobbingfeuer immer mehr um sich greift, müssen Sie Kraft in Ihrer Freizeit tanken. Suchen Sie sich Menschen, mit denen Sie über Ihre Situation sprechen können. Hören Sie hin, wie andere Ihre Lage einschätzen. Nehmen Sie sich Zeit für Ihre Hobbys. Sport hilft Ihnen, Stress abzubauen und Ihr körperliches und seelisches Gleichgewicht zu verteidigen.
6. Führen Sie ein Mobbing-Tagebuch! Halten Sie alle Vorfälle fest. Notieren Sie in einer Spalte, was genau passiert ist, in der nächsten, wie Sie es interpretiert haben. Eine solche Dokumentation kann Sie später vor dem Arbeitsgericht unterstützen und ist zugleich eine gute Grundlage, um über Ihre Erlebnisse zu sprechen – im privaten Rahmen oder mit einem Psychologen. Therapeutische Hilfe kann bei Mobbing eine wertvolle Stütze sein.
7. Bleiben Sie handlungsfähig! Stress entsteht durch das Gefühl, einer Situation ausgeliefert zu sein. Tun Sie alles, um sich Alternativen zu schaffen. Bewerben Sie sich, intern und extern. Entwickeln Sie Pläne für eine Selbständigkeit. Über diese Drehleitern können Sie das brennende Haus zur Not verlassen.
8. Beobachten Sie bis zuletzt, ob Ihre Kollegen sich nicht doch bessern (auch Mobben wird langweilig!). Als Vorbild kann Ihnen der Schneider des irischen Dramatikers George Bernard Shaw dienen. Dieser sei »der einzige

Mensch, der sich vernünftig verhält (…). Er nimmt jedes Mal neu Maß, wenn er mich trifft, während alle anderen immer die alten Maßstäbe anlegen in der Meinung, sie passten auch heute noch.«

*Die ganze Wahrheit
über die Machenschaften der Chefs!*

Martin Wehrle
Das Chefhasser-Buch

Ein Insider rechnet ab

Der Alptraum eines Angestellten hat vier Buchstaben: CHEF.
Chefs sind arrogant; sie lügen und tricksen, sie spionieren und mobben. Grundsätzlich wälzen sie die ganze Arbeit auf ihre Untergebenen ab.
Martin Wehrle verrät, wie man sich erfolgreich dagegen wehrt.

Knaur Taschenbuch Verlag